物化历史系列

城市史话

A Brief History of Cities in China

付崇兰 / 著

图书在版编目（CIP）数据

城市史话/付崇兰著.—北京：社会科学文献出版社，2011.9
（中国史话）
ISBN 978 - 7 - 5097 - 2576 - 4

Ⅰ.①城… Ⅱ.①付… Ⅲ.①城市史 - 中国 Ⅳ.①C912.81

中国版本图书馆 CIP 数据核字（2011）第 143722 号

"十二五"国家重点出版规划项目

中国史话·物化历史系列

城市史话

著　　者/付崇兰

出 版 人/谢寿光
总 编 辑/邹东涛
出 版 者/社会科学文献出版社
地　　址/北京市西城区北三环中路甲 29 号院 3 号楼华龙大厦
邮政编码/100029

责任部门/人文科学图书事业部（010）59367215
电子信箱/renwen@ssap.cn
责任编辑/范明礼
责任校对/黄　丹
责任印制/岳　阳
总 经 销/社会科学文献出版社发行部
　　　　　（010）59367081　59367089
读者服务/读者服务中心（010）59367028

印　　装/北京画中画印刷有限公司
开　　本/889mm×1194mm　1/32　印张/5.5
版　　次/2011 年 9 月第 1 版　　字数/98 千字
印　　次/2011 年 9 月第 1 次印刷
书　　号/ISBN 978 - 7 - 5097 - 2576 - 4
定　　价/15.00 元

本书如有破损、缺页、装订错误，请与本社读者服务中心联系更换
版权所有　翻印必究

《中国史话》编辑委员会

主　　任　陈奎元

副 主 任　武　寅

委　　员　(以姓氏笔画为序)

卜宪群　王　巍　刘庆柱

步　平　张顺洪　张海鹏

陈祖武　陈高华　林甘泉

耿云志　廖学盛

总　序

中国是一个有着悠久文化历史的古老国度，从传说中的三皇五帝到中华人民共和国的建立，生活在这片土地上的人们从来都没有停止过探寻、创造的脚步。长沙马王堆出土的轻若烟雾、薄如蝉翼的素纱衣向世人昭示着古人在丝绸纺织、制作方面所达到的高度；敦煌莫高窟近五百个洞窟中的两千多尊彩塑雕像和大量的彩绘壁画又向世人显示了古人在雕塑和绘画方面所取得的成绩；还有青铜器、唐三彩、园林建筑、宫殿建筑，以及书法、诗歌、茶道、中医等物质与非物质文化遗产，它们无不向世人展示了中华五千年文化的灿烂与辉煌，展示了中国这一古老国度的魅力与绚烂。这是一份宝贵的遗产，值得我们每一位炎黄子孙珍视。

历史不会永远眷顾任何一个民族或一个国家，当世界进入近代之时，曾经一千多年雄踞世界发展高峰的古老中国，从巅峰跌落。1840年鸦片战争的炮声打破了清帝国"天朝上国"的迷梦，从此中国沦为被列强宰割的羔羊。一个个不平等条约的签订，不仅使中国大量的白银外流,更使中国的领土一步步被列强侵占,国库亏空,民不聊生。东方古国曾经拥有的辉煌,也随着西方列强坚船利炮的轰击而烟消云散,中国一步步堕入了半殖民地的深渊。不甘屈服的中国人民也由此开始了救国救民、富国图强的抗争之路。从洋务运动到维新变法,从太平天国到辛亥革命,从五四运动到中国共产党领导的新民主主义革命,中国人民屡败屡战,终于认识到了"只有社会主义才能救中国,只有社会主义才能发展中国"这一道理。中国共产党领导中国人民推倒三座大山,建立了新中国,从此饱受屈辱与蹂躏的中国人民站起来了。古老的中国焕发出新的生机与活力,摆脱了任人宰割与欺侮的历史,屹立于世界民族之林。每一位中华儿女应当了解中华民族数千年的文明史,也应当牢记鸦片战争以来一百多年民族屈辱的历史。

当我们步入全球化大潮的21世纪,信息技术革命迅猛发展,地区之间的交流壁垒被互联网之类的新兴交流工具所打破,世界的多元性展示在世人面前。世界上任何一个区域都不可避免地存在着两种以上文化的交汇与碰撞,但不可否认的是,近些年来,随着市场经济的大潮,西方文化扑面而来,有些人唯西方为时尚,把民族的传统丢在一边。大批年轻人甚至比西方人还热衷于圣诞节、情人节与洋快餐,对我国各民族的重大节日以及中国历史的基本知识却茫然无知,这是中华民族实现复兴大业中的重大忧患。

中国之所以为中国,中华民族之所以历数千年而不分离，根基就在于五千年来一脉相传的中华文明。如果丢弃了千百年来一脉相承的文化，任凭外来文化随意浸染，很难设想13亿中国人到哪里去寻找民族向心力和凝聚力。在推进社会主义现代化、实现民族复兴的伟大事业中，大力弘扬优秀的中华民族文化和民族精神，弘扬中华文化的爱国主义传统和民族自尊意识，在建设中国特色社会主义的进程中，构建具有中国特色的文化价值体系，光大中华民族的优秀传统文化是一件任重而道远的事业。

当前，我国进入了经济体制深刻变革、社会结构深刻变动、利益格局深刻调整、思想观念深刻变化的新的历史时期。面对新的历史任务和来自各方的新挑战，全党和全国人民都需要学习和把握社会主义核心价值体系，进一步形成全社会共同的理想信念和道德规范，打牢全党全国各族人民团结奋斗的思想道德基础，形成全民族奋发向上的精神力量，这是我们建设社会主义和谐社会的思想保证。中国社会科学院作为国家社会科学研究的机构，有责任为此作出贡献。我们在编写出版《中华文明史话》与《百年中国史话》的基础上，组织院内外各研究领域的专家，融合近年来的最新研究，编辑出版大型历史知识系列丛书——《中国史话》，其目的就在于为广大人民群众尤其是青少年提供一套较为完整、准确地介绍中国历史和传统文化的普及类系列丛书，从而使生活在信息时代的人们尤其是青少年能够了解自己祖先的历史，在东西南北文化的交流中由知己到知彼，善于取人之长补己之短,在中国与世界各国愈来愈深的文化交融中,保持自己的本色与特色,将中华民族自强不息、厚德载物的精神永远发扬下去。

《中国史话》系列丛书首批计200种,每种10万字左右,主要从政治、经济、文化、军事、哲学、艺术、科技、饮食、服饰、交通、建筑等各个方面介绍了从古至今数千年来中华文明发展和变迁的历史。这些历史不仅展现了中华五千年文化的辉煌,展现了先民的智慧与创造精神,而且展现了中国人民的不屈与抗争精神。我们衷心地希望这套普及历史知识的丛书对广大人民群众进一步了解中华民族的优秀文化传统,增强民族自尊心和自豪感发挥应有的作用,鼓舞广大人民群众特别是新一代的劳动者和建设者在建设中国特色社会主义的道路上不断阔步前进,为我们祖国美好的未来贡献更大的力量。

2011年4月

⊙付崇兰

作者小传

付崇兰,1940年12月出生于山东省东平县九女泉村。历任中国社科院城市发展与环境研究中心主任、中国社会科学院研究生院城市发展系主任等,现任中国社科院当代城乡发展规划院院长。

撰有《中国城市发展史》《中国运河城市发展史》《拉萨史》、《中国运河传》等城市史专著。

主编《天津十年建设纪实》、《小城镇论》、《建设节约型社会战略研究》、《中国城乡一体化》、《新城论》、《城市学丛书》等。

近10年来发表论文近百篇。

目 录

引 言 ································· 1
  1. 自然地理变迁因素 ··················· 1
  2. 黄河的迁徙及大运河的开凿对
     中国城市发展史的重大历史影响 ········· 5
  3. 中国历史上的城市体制与城市政策 ······· 9
  4. 区域经济重心转移因素 ··············· 11
  5. 航海事业逐渐发达和明清海禁政策因素 ··· 12

一 中国的原始社会与原始城市 ············ 15
  1. 人类与原始社会 ···················· 15
  2. 原始城市 ·························· 16
  3. 夏代城市 ·························· 16

二 商周时期的城市 ······················ 18
  1. 商代城市 ·························· 18
  2. 周代城市 ·························· 19

三 春秋战国时期城市的发展 21
1. 数量剧增 21
2. 功能多样 21
3. 春秋战国时期城市发展的原因 25

四 秦汉魏晋南北朝时期的城市 27
1. 秦毁诸侯城廓与确立郡县制 27
2. 咸阳 28
3. 汉代城市 29
4. 魏晋南北朝城市 31

五 隋唐城市 37
1. 隋代城市 37
2. 唐代城市 39

六 五代城市 46
1. 杭州 47
2. 金陵 48
3. 福州 48
4. 开封 48

七 两宋时期城市 50
1. 北宋城市发展的历史背景 50
2. 开封 52

3. 杭州 …………………………………… 55

4. 泉州 …………………………………… 56

5. 广州 …………………………………… 57

6. 宁波 …………………………………… 58

7. 两宋城市发展的方向、内容和特点 ………… 59

八 辽金西夏城市 …………………………… 62

1. 辽代城市 ……………………………… 62

2. 西夏城市 ……………………………… 64

3. 金代城市 ……………………………… 65

九 元代城市 ………………………………… 68

1. 元大都 ………………………………… 69

2. 杭州 …………………………………… 72

3. 泉州 …………………………………… 73

4. 上海 …………………………………… 74

5. 一般行政中心城市与沿海城市的普遍发展 …………………………………… 75

十 明代城市 ………………………………… 77

1. 明代城市发展的经济社会背景 ………… 77

2. 明代城市的发展 ………………………… 79

3. 明代商业城市发展的总体格局 ………… 99

十一　清代城市 …………………………… 101
　　1. 清代城市发展、演变的历史背景 ………… 101
　　2. 清代城市的发展与变迁 ………………… 103

结束语 …………………………………… 132

引　言

中国是人类发祥地之一，也是世界上城市起源最早的国家之一。世界城市起源最早的地区是中国的黄河中下游流域；埃及的尼罗河流域；印度的印度河流域；美索不达米亚的两河流域。五千年来，中国城市发展的重心，从西向东，从北向南转移，后又从南向北，从东向西扩展。那么影响上下五千年中国城市发展走向的主要因素是什么？本书先就此交代一二。

**自然地理变迁因素**

在中国历史上，自然地理变迁因素很多，而且很复杂。但对中国城市发展产生重大影响者有二：一是青藏高原隆起的过程，导致了西藏和青海等广大地区地质、地形、地貌和气候的巨大变迁；二是四千年以来地球气温的下降，使我国塞外农业区蜕变为畜牧业区。

（1）青藏高原的隆起过程。

青藏高原是我国也是世界上最高而又最年轻的高

原。其范围包括西藏全境和青海省的大部分,平均海拔为4800米,面积230万平方公里。青藏高原崛起距今只有200万~300万年时间。青藏高原隆起之前,印度洋暖湿气流可以直接吹入我国西南和西部广大地区。那时西北延安附近地区气候是湿暖的,植被是茂盛的。在青藏高原隆起的过程中,虽经数百万年之久,我国西北部的植被仍然茂盛,土肥水美,因而成为中华民族"人文初祖"之地,成了黄帝和炎帝部落活动的中心地区所在。

在距今五千年到一万年前的原始时代,在如今称之为黄土高原腹地的黄河中游,西接甘肃、宁夏的近河和南川河一带地区,并不是中国大地上偏僻和落后的地区,也不是一片贫瘠的黄土地。在我国历史上的旧石器时代,那里的植被尚未被破坏,土地肥美,草木茂盛,我们的祖先凭借其较为优越的自然地理环境条件,在那里居住繁衍,使之成为黄帝、炎帝领导部落游牧、耕种和生活的地区。我国西北部很早就成为农业的起源地之一。考古发掘发现的文物古迹和古文献记载,都可证明西北部地区曾经是我国粟的最早种植区,蚕的最早喂养地,制陶、冶炼的最早发祥地,城市起源最早的地区之一。后来西北部植被的逐渐退化,与青藏高原不断隆起,导致完全隔断印度洋暖湿气流是密切联系着的。

诚然,我国西部地区自然地理环境条件的变迁还与太行山隆起与抬升,东海向东退,以至使黄河中游所受东部海洋性气候影响逐步变小有关系。

（2）太行山的抬升及其对中、西部地区的影响。

远古时代，华北平原还是一片汪洋大海；北宋以前，永定河还有"清泉"之称，它的上游及其流域还有茂密的森林。但到北宋时已成浊流。北宋沈括在《梦溪笔谈》中写道："凡大河、漳水、滹沱、涿水、桑乾悉是浊流。""今关陕以西水行地中，不减百余尺，其泥岁东流皆为大陆之土，其理必然。"

1074年秋，沈括到河北太行山东麓，发现如下地质现象：在太行山东麓山崖间的石壁上夹有许多蚌、螺壳的化石和鸟卵石，它们的堆积沿水平方向排列似一条带子，沈括据此写道："此乃昔日之海滨"，"今之高山，昔之海滨"。由于地壳的运动，太行山抬升，河北平原为黄河和海河水系不断侵蚀而下降，又为黄河所湮淤。沈括的记载与论断为后世调查所证实。

（3）距今四千年以前，地球大气温度有所下降，导致中国塞内塞外的农业区格局发生重大变化，对中国历史（包括城市史）的发展产生重大影响。

大约在五六千年以前的新石器时代，从华北到东北，包括今内蒙古的赤峰地区的乌尔吉木伦河一带，整个都是农业经济文化区，塞内塞外的生产、生活、风俗习惯和信仰比较接近，天津和赤峰出土的农耕工具石耙几乎完全一样，作为炊具的夹沙陶罐和作为日常生活用品的一般陶器，其造型、种类、刻纹皆近似。因此，在考古学上把京津地区的原始文化与辽西、赤峰一带的原始文化都归入红山文化。但是，由于距今四千年以前,地球大气温度有所下降,雨量减少,气候变得干燥起来,这导致了塞外地区原先已经形成的农业生产遇到新的障碍。无霜期短了,雨量少了,农作物生产大受制约,使这一地区逐渐从农业区蜕变为畜牧业区。自然环境条件的变化,引起社会生产活动的变化,与此相联系的是这些地区居民社会经济生活、语言、文化和心理素质的变化,并形成了自己的类型和特征,与塞内农业区明显区别开来的塞外游牧部落形成了。塞内塞外社会生产、生活方式的不同,社会政治文化的差异,引起了畜牧区与农业区之间的矛盾和战争的发生。不过,这只是事物的一个方面。正如社会经济生活的差异必然导致矛盾的发生一样,另一方面又导致了两者之间经济文化交往的必然性。因此,不论战争怎样频繁发生,不论长城的烽火如何蔓延,塞内塞外文化同源的血肉联系都无法割断,经济文化的交往以势不可挡的力量向前推进着。这种交往不仅存在于普通老百姓之间,也存在于上层统治集团之间,由此引出了"昭君出塞"、"苏武牧羊"、"文姬归汉"等悲壮诗篇,以及"白登之围"、"土木之变"等历史故事与兄弟民族在"关市"上互通有无的友好情景。塞内塞外农业、畜牧业时代的城市就是围绕着长城内外的政治、经济、文化关系而逐渐形成和发展的。因此,才有数以万计的汉简、绚丽多姿的鄂尔多斯青铜器和酒泉夜光杯等,也才有东起秦皇岛,西至嘉峪关的45座以上的著名塞内塞外长城沿线的城市。

 ## 黄河的迁徙及大运河的开凿对中国城市发展史的重大历史影响

"水利是农业的命脉"。这是当代人对水利与农业发展关系的概括。考察上下五千年的中国农业文明的发展，深知河流、水利、水上运输对中国农业文明时代经济、社会和科学文化发展的重要地位和历史作用。其中黄河的迁徙及大运河的开凿对中国城市发展史的影响之巨大，是中国农业文明时代其他因素不可比拟的。

(1) 黄河迁徙。自大禹疏导河流，迄清咸丰五年(1855年)黄河自河南兰阳铜瓦厢三堡决口，改道山东利津入海，上下约四千年间，黄河南北数次迁徙。其中对中国经济社会发展影响最大的黄河迁徙有3次。大约在距今3400年的夏商之交，黄河北徙今天津附近入海，导致天津东部平原逐渐向渤海延伸，直到周定王五年(公元前602年)黄河南迁；约在宋庆历八年(1048年)，黄河又北迁天津入海，直到金明昌五年(1194年)黄河再次南迁，靠其淤积，逐渐形成傍临渤海的第三道贝壳堤，至今起着海岸堤的作用。自金明昌五年，一说自宋高宗建炎二年(1128年)，黄河自泗入淮。黄河经河南、江苏，自徐州入于泗水，再合泗水南下与淮河并道入海。在这个前提下，南北大运河的凿成，为南北水运交通和农业的发展创造了条件。到咸丰五年黄河于铜瓦厢决口改道，北徙至山东

利津入海，从此至今，再没有北徙、南徙，形成为延续至今的黄河水道。这3次黄河南徙北迁，对于中国农业的发达和城市的发展及其布局，产生了深远的影响。

（2）大运河的开凿是影响农业文明时代中国城市发展和布局的又一大因素。在距今2600年前，中国运河的历史就掀开了第一页。在公元前613年开凿的"荆江运河"沟通了长江与汉水之间的交通；与此同时凿成的"巢肥运河"，起到了沟通长江与淮河的作用。这两条沟通江、汉和江、淮的运河是中国最早的运河。其中的"巢肥运河"在《史记》中称之为"鸿沟"。

春秋后期，长江下游的吴国崛起，先后凿通6条运河。其中以"邗沟"最为著名。

秦汉时期，全国统一，运河发育逐步形成全国水运网。开凿"灵渠"（今广西境内）是秦代最辉煌的运河工程，沟通湘、漓二江。沿湘水而下，可入大江；沿漓水而下，可入西江。从此，运河事业扩展到岭南地区。秦在控制江南地区的过程中，以春秋吴国的江南河和百尺渎为基础，进一步开浚江南运河。两汉时期，长安、洛阳漕运运道开辟；东汉治理"汴渠"，改建"邗沟"新道。东汉末年，曹操开凿华北诸渠，全国水运网逐步形成，推动了国家政治、经济、文化的发展，也推动了运河沿线城市的发育。

隋代是中国南北大运河开凿和形成体系的时期。隋文帝时开凿"广通渠"和"山阳渎"。隋炀帝时开凿成举世无双的沟通我国北方和南方的南北大运河，包括"永济渠"、"通济渠"、"山阳渎"、"江南运河"。大运河的整体性构成了国家社会整体性的联系，形成了以洛阳为中心，西通关中盆地，北抵河北平原，南达太湖流域的政治、经济、文化网络。大运河全长1747多公里，沟通了海河、黄河、淮河、长江、钱塘江五大水系。把现在的北京、天津以及河北、陕西、山东、河南、安徽、江苏、浙江9省市都串通起来了，而且联系着东西南北的广阔腹地，对后世中国的统一和经济、文化的发展产生了深远的影响。唐代扬州的繁盛、汴州（开封市）的兴旺、京口（镇江市）的兴起，都是证明。隋炀帝开运河，"在隋之民，不胜其害也；在唐之民，不胜其利也"。隋代建立起来的运河水道交通网，使后人得到无穷的利益。直接受益者就是唐代，唐王朝仅对运河进行部分疏浚与补缀，便成就了繁盛辉煌的大唐帝国。

北宋时期，建都开封，"汴渠"、"广洛河"、"金水河"、"惠民河"并称"通漕四渠"。因这4条运河都经过开封城，被称为"四水贯都"。这就形成了以开封为中心的水道交通网络。

南宋时开凿了"西兴运河"。即从钱塘江岸的西兴镇起，东经萧山县、绍兴府，到上虞县以东的通明，接余姚江，其下游与鄞江相通，在定海县入海。即现在浙东运河的前身。

元代开凿"济州运河"、"会通运河"、"通惠运河"，终于形成为北起大都，南达杭州的3000余里的南北大运河。元代南北大运河各段，包括大都至通州的通惠河；通州至大沽河的通州运粮河；天津至临清的御河；临清至滨城安山的会通河；从滨城安山到济宁的济州河，接泗水，入黄河；从黄河到扬州瓜洲，入于长江的扬州运河；从镇江经常州、苏州、嘉兴直达杭州的江南运河。元代运河具有南北漕运和交流南北物资、文化的作用，促进了南北运河沿线及其腹地城市的繁荣，为北京的发展奠定了基础。元代在开凿疏通南北大运河的同时，还由工部尚书贾鲁自郑州至朱仙镇开凿了一段"贾鲁河"，沟通了黄河与淮河之间的水道交通，促进了朱仙镇的繁荣，使其成为中国历史上著名的四大名镇之一。

明代运河的路线与元代一样，北自大通桥，南迄杭州，全长3000余里，分别由大通河、白漕、卫漕、闸漕、河漕、湖漕、江漕、浙漕联组而成，总称之为漕河。明王朝自朱棣起设都于北京，对南北大运河十分重视，因为它关系到全国的漕运和南北的交通运输。为此，明政府设专门机关管理运河事务，保证经常疏浚运河河道，修堤坝和闸堰等。

清代的运河工程使南北大运河畅通，形成康熙、乾隆盛世兴旺发达。其关键工程是中运河工程，此工程始于明代，而完成于清代。清代中运河开凿的成功，使运河完全脱离黄河，与黄河彻底分离开来，真正形成为京杭大运河。清代大运河即是元代、明代大运河的直接延续，又有它自己特有的创造，而且是十分关键的创造。因此，清代运河形成了一种全新的格局。清代中运河工程完成后所形成的南北大运河线路，是南北粮、货、客运输的全程运道。自张家湾迄杭州，全程1747余里，分为直隶运河、山东运河、中运河、里运河、江南运河。清代运河线路表明，中国运河发展到清代，已经成熟到综合治理的阶段。不仅反映了运河漕运、交通功能的改善，而且反映了运河的经济、社会功能的深刻变化。

总之，中国运河产生于春秋时代，距今已有2600多年的历史。中国历史上运河沿岸的城市西起关中，东到海边，北起华北，南至江南余杭，经浙东运河至宁波，成为农业文明时代中国东西部、南部和北部广大区域经济社会和科学文化，乃至社会生活、风俗习惯形成和发展的基础条件之一，当然也是2600多年的历史上中国城市发展的集中地区之一。

 中国历史上的城市体制与城市政策

（1）春秋时期的中国城市体制处于国家与城市一体，城市代表国家的体制时期。当时的中国经济社会正处于急剧变革时代，周天子已不能控制天下，诸侯割据局面正在发展。

（2）战国至秦汉时期，城市体制的变化，本质上是经济社会矛盾的产物。秦统一天下，实行郡县制，中国的城市便与行政级别的定位一致起来，分为都城、郡城和县城。司马迁在《史记》中概括秦汉城市体制为："人以聚为郡"，"悬而不离土为县"。农业文明社

会的城市体制跃然纸上。

（3）关于中国历史上的城市政策，大致如下。

实行"行政"政策。秦汉确立郡县制。这个制度在中国封建社会延续两千年之久。这个政策的核心是以"行政"级别定位城市级别。郡城、县城没有独立发展权利，要求它们成为封建中央集权制国家社会的基地。郡县衙门处在郡城、县城的中心地段。郡、县不同的行政级别政府决定城市实体的布局形态，防御工事，居民的生产和生活方式。城市根据郡、县的政府职能进行建设和管理。

都城则是一个国家的职能基地。都城的宫城、御苑、居民区和街道、防御设施等，一切以国家职能进行设置。

城市是各级行政机关执行中央集权行政、法律的地方。郡、县一概没有独立的行政、司法和人事权；城市没有独立的财政，只有领取中央规定的俸禄；城市的规划、建设和管理，以及教育文化活动，都是纳入封建国家经济、社会功能体系之中。

城市功能的历史演变是经济社会演变的自然结果，而不是封建时代城市政策的本质改变。其一，中国都城的功能在《周礼·考工记》中的记叙是：匠人营国，方九里，旁三门。国中九经九纬，经涂九轨。左祖右社，前朝后市，市朝一夫。从秦咸阳到汉长安，到隋大兴、唐长安，虽因地理环境条件制约，城市规格有所变化，但都是把宫城建在城中的突出显要位置。直到明清时期的北京城，仍然是沿用《考工记》的城市功能模式予以塑造。但事实上,由于经济社会的演变,城市的功能在实际上发生了重大的历史变迁。诸如,隋唐时的城市坊里制,在五代十国时已发生变化。坊里制规定都城里除宫城外,居民和市场都安排在城内规定的坊里之中,市场有固定场所,朝开晚闭。时间、空间都受到限制。而到宋代,已可临街设店,设作坊,有了早市、夜市,时间和空间的限制都被突破。但政府则以"侵街"之名罪之,不断拆除临街作坊和商店。此种现象自宋迄明清愈演愈烈。但历史演变的自然结果,到明清时期都城和地方府、州、县城,都出现了在一定城区聚集的市场和作坊区,如清代北京花市、蒜市、琉璃厂书市等都是历史的证明。

中国封建时代城市的经济政策始终是贱商政策、抑工政策、重农政策。这就是所谓"重本抑末"政策。这种政策在中国两千年中其形式有所演变,但实质始终没变。诚然,代表工商业者的思想家们不断提出反对重农轻商的思想,甚至提出过"工商皆本",但始终没能形成占统治地位的城市经济政策。

 **区域经济重心转移因素**

关中渭水流域是中国历史上最早发达起来的区域之一。但到隋唐时代,中国南方的发展逐步超过了关中地区。隋炀帝下扬州,已不仅是看琼花,而是看重扬州的富庶和美女。至唐代,扬州在全国的地位已相当于今日之上海,故今人有说唐代的扬州就是当时中

国的上海。当然其中原因之一是指唐代扬州已是日本等外国学者从海上到达中国的重要港口城市了。而唐王朝每遇灾荒年月，皇帝还要带领群臣官僚到洛阳就食从东方和南方运来的漕粮。再就是韦坚所修广运潭中的载货船只，大半都是来自南方诸郡。经济重心南移的结果，是宋都已经移往开封，南宋则立都临安（杭州）。元、明、清三代则是南粮北运，每年达400万石之多。故有"运河之水漂来了北京城"之谚语。在明、清之际的运河沿线的北方形成了一系列商业城市，而在南方则形成了一系列手工业城市。明清时期的扬州漆器、玉器，苏州、杭州的丝绸都是名扬天下的产品。故苏州阊门在《红楼梦》中被描绘为红尘中最为富庶的风流之地。

 航海事业逐渐发达和明清海禁政策因素

中国的航海交通和贸易发达很早，著名的海上丝绸之路，唐代扬州的兴旺，宋代泉州的发达，以及历两千多年常盛不衰的广州，明代郑和下西洋，清代天津、胶东与东北贩粮事业的发展，都证明中国航海事业和海外贸易的发达。但是，明代出于防御倭寇和清王朝消灭郑成功反清势力等原因，明清的海禁政策，对沿海城市的发展都产生了深刻影响，而且对中国经济社会影响的深度和广度还不仅限于沿海地区发展。

诚然，沿海地区地理的变迁，也对航海和对外贸

易产生重大影响。如广州海岸线曾在越秀山上留下痕迹，而海平面上升的同时，珠江三角洲陆地也在上升，而且陆地上升的速度比海平面上升的速度要快，故海岸线还是逐年向外延伸。这种状况在扬州也引起地理环境的很大变迁。再往北，天津的三道贝壳堤，也证明海岸线向渤海延伸的事实。不论其延伸的原因如何，这种延伸对沿海地区的发展和沿海城市的发育产生重大影响。

总之，中国的城市的发展史不可能离开中国大地的地理和自然条件、古代最大的交通工程、经济重心的转移、封建时代的行政体制和经济政策，以及航海事业和海禁政策等因素的重大影响。诚然，中国农业文明时代的社会制度、传统的文化和社会风俗，对城市发展史也具有不可忽视的作用。还有中国城市的传统科学技术，以及城市规划、建筑设计、园林等都直接关系到城市的发展，并构成中国城市发展史的内容。所有这些，都应有一个全面的认识，才能正确地理解中国城市发展史的内在规律。《山海经》中所描绘的大地、水旱、玉浆、草、稻和人、神、禽、兽，以及九州东极到西极其五亿十万九千八百步，就是当今世界环境发展大会和社会发展大会提出的人口、环境、资源与经济、社会协调发展的基本要素，也是中华人民共和国国务院批准的中国《21世纪议程》中的基本要素。因此，要纵观中国城市发展史，就必须首先考察上述要素的变迁状况，因为这是基础。离开这些基础要素便无从认识中国城市发展的历史。中国农业文明时代的建城指导思想,早在春秋时代就为吴王阖闾任用为相的伍子胥和齐桓公任用为相的管仲等人概括得一清二楚。伍子胥说:"治国之道,安君理民为上,凡欲安君治民,兴霸成王,从近制远,必先立城廓、设守备、实仓廪、治兵库。"即城廓、守备、粮仓、兵库四事。管仲说:"地之守在城,城之守在兵,兵之守在人,人之守在粟。"史称此为"农战"思想。"农战"思想,即农业文明时代城市发展指导思想。

一 中国的原始社会与原始城市

 人类与原始社会

世界上发现的最早人类在非洲尼罗河流域,距今约 200 万~300 万年。

中国是人类起源地之一。中国发现的最早人类,目前仍是元谋猿人,距今大约 170 万年。具有现代人特征的北京猿人,距今大约 70 万~20 万年。

中国文明一般认为是上下五千年,这是指农业文明。但中国原始农业的出现,距今约 1.8 万年之久。到七千年前的新石器时代,中国农业已经较为发展,即农业已成为人类生活的主要来源。农业与定居生活紧密联系,仰韶文化时期的房屋建筑遗址已经发现,主要分布在黄河中上游。证明在原始耕垦条件下,当时黄河中上游适宜农业生产的条件相对优越。在西安半坡村遗址发现部分密集的房屋基址,在河南淇水沿岸发现村落遗址,在甘肃渭河台地发现的村落遗址范围大约有 70 平方公里。浙江河姆渡遗址的发现,证明

当时中国的水稻种植，甚至包括养蚕技术都已被人们长期的农业实践中发明出来。仰韶村遗址的布局、大小房屋、陶器场所和墓葬区，反映出新石器时代原始居住群落的情形，人们通常称之为原始社会居民点的形成。

   原始城市

中国龙山文化时期的城堡被史学界称之为我国原始社会萌芽状态的城市。简称之为"原始城市"。

在山东省济南市的章丘发现了龙山文化时期的城子崖古城。山东省寿光县的王村古城、河南登封王城岗古城堡、淮阳平粮台古城、偃师郝家台古城、安阳后岗古城等，都是中国原始社会后期的古城堡遗址，距今约4500～4000年。这些古城堡，既然处在原始社会末期，都应称之为中国的原始城市。

这些原始城市的发育程度，一是规模不大，二是有的已有城墙、道路、房屋、陶窑，甚至有陶管排水设施。

   夏代城市

夏代传说经历17个王，约在公元前21～16世纪。至今发掘的夏代城市遗址以河南二里头古城遗址为代表。该遗址已有宫殿、作坊、陶窑、水井、墓葬等遗址。其宫殿遗址东西长108米，南北宽100米，夯土

台基达0.8米高。既有主殿，又有廊庑建筑，木架结构。考古学家认定此为夏朝王都之一。

在二里头古城还有居民住宅和铸铜、制骨、制陶作坊，加上水井等遗址，反映出当时青铜铸造技术已较进步，已进入青铜时代。

二　商周时期的城市

 商代城市

公元前 16 世纪的商代，城市反映的是奴隶制的经济文化。迄今发掘的商代城市遗址有代表性的是河南偃师商城、郑州商城、安阳殷墟、湖北龙城、四川三星堆古城等。这些古城都是奴隶制国家和地方方国的都城所在。时间大约为公元前 4000～3000 年左右。偃师城市遗址为商代早期城市，城市遗址内已有独立的宫殿区和非宫殿区之分，街道、供水、排水设施等已相当进步，全城面积约 190 万平方米。而郑州商城属商代中期城市，遗址范围约 25 平方公里；安阳殷墟属商代晚期城市，遗址范围约 24 平方公里。这两座城市的时间约在 3500～3000 年左右，城市规模大，分为宫城区、居民区、作坊区、墓葬区等，青铜铸造业、制陶，制骨，纺织和酿造业，木、石、玉、漆等手工业都已相当发达。其中殷墟出土的"司母戊"大铜鼎，其体量和造型、纹饰、工艺水平举世闻名，代表了商代青铜铸造技术的高超。在殷墟宫殿建筑的内装修上

已经使用纺织品，地下出土有三通陶管，城市建筑和设施的科学技术水平也相当发达，出土的玉、贝等货币，证明当时商业的发展和城市的繁荣。洹河已成为这座城市交通的主要渠道，因为城市与洹河之间没有城墙等防御设施，洹河两岸为城市，北岸为王陵中心区，反映出城市规模的巨大。

周代城市

公元前11世纪建立的周王朝，实行"分封诸侯"制度，又称"封邦建国"。各诸侯国都把立国与建城看作一件事，城市便成为方国的象征。鲁、齐、卫、晋、燕、宋是当时著名的诸侯国。其都邑学说为"营筑城廓家室而邑剔居之"。

周文王建丰京、武王建镐京，史称丰镐。在沣河东西两岸，夹一水而建两城。但有桥相连，形成一个整体，为周代都城，祭祀在丰京，行政在镐京。另外，周公在洛水北岸建新都洛邑，称东都。东周时为都城。而在洛阳之东建成周，集中商朝遗民于此，建设有封闭性街坊，称闾里。

周王朝的"封邦建国"制决定诸侯国只建一座都城，都城大小以国之级别定之：王城方九里，公七里，侯五里，男三里。城市道路、建筑物等也因城邑等级而定。《周礼·考工记》载："匠人营国，方九里，旁三门，国中九经纬，经涂九轨，左祖右社，前朝后市，市朝一夫"。正是周代等级制度在城建规划中的反映。

农业文明在周代城市中的反映十分明显,即城市以政治中心功能为主,同时也是军事中心,而城市的经济中心地位和作用不突出。这就是周代城市最基本的特征。这种城市特征对中国封建时代的城市发展影响十分巨大。当然,这是由农业文明经济基础所决定的。

三　春秋战国时期城市的发展

春秋战国时期是中国奴隶制向封建制转变的过渡时期，城市发展最显著的特征是反映了这个时期经济社会的巨大变革。

 **数量剧增**

《左传》记载春秋战国时期新筑城池63座。实际上共计城市68座，其中新兴城市63座，因为有城市兴起，才可能筑城池；重修城池5座，反映了城市规模的扩展。当代学者张鸿雁著《春秋战国城市经济发展史论》一书统计了春秋战国时期35个国家的城邑600个，其中晋91个、楚88个、鲁69个、郑61个、周50个、齐46个、卫30个、宋35个、莒16个、秦14个、吴10个。若加上未统计者，春秋战国时期中国大地上所有国家的城邑当在千个以上。

 **功能多样**

春秋战国时期城市的功能不再是单一的政治功能、

军事功能,突出地增强了城市的商业和社会文化功能。

齐国临淄的繁盛,当时有人描绘为市面上人之众多,把汗水挥洒出去可以形成大雨,把衣襟扯起来可以连成帷幕。临淄城以煮海盐兴利,有发达的丝织业,文人学者众多。该城由大小二城相套,大城周长24华里。蓟作为春秋战国时的燕都,已成为北方地区与中原的交通枢纽。战国时的赵国在大同设立三郡,建城邑,位置在今御河左岸的古城村,赵武灵王在此倡导"胡服骑射"。公元前473年越王勾践灭吴,派大臣范蠡在今南京中华门外的秦淮河南岸建筑土城,史称越城,又称"范蠡城"。周显王三十六年(公元前333年),楚灭越,置"金陵邑"。事因"其地有王气","埋金以镇之",南京从此有金陵之称。春秋时代伍子胥在苏州已建成一座江南水网城市,交通发达,商业繁盛。扬州为春秋末期吴王夫差开挖邗沟以通江淮所筑,城周约12华里,虽为屯兵进兵据点,但因地处最早的运河畔,亦为商业发展创造了条件。绍兴古城兴起于越王勾践卧薪尝胆,"十年生聚,十年教训"的时期,由范蠡"观天文","拟法象"先后建成周长2华里230步和周长20华里72步大小两座城市合而为一的绍兴城,又称"蠡城"。鲁国大城曲阜,为伯禽创建,至公元前256年鲁国为楚所灭,其间八百余年,鲁国34代皆都于曲阜。鲁城在列国中建造最早,作都城时间最长。城周24华里,城内有宫殿区、居民区、墓葬区等。春秋时代的洛阳古城,即东周都城洛邑,当时是国内有名的商业都城。开封在春秋时代地处郑国边疆，在今朱仙镇东的古城村修一座储粮的"仓城"，故取"开拓封疆"之名。春秋时期，晋国著名盲人音乐家师旷曾在开封进行音乐创作和普及活动，今开封东南郊的禹王台，就是当年师旷鼓吹、奏乐之地。中国著名的音乐《阳春》、《白雪》就是这位伟大音乐家创作的。春秋战国之际，长沙已发展成为楚国一方重镇，名曰青阳，以盛产大米和鱼类著称，是鱼米商业兴隆之乡。《太平寰宇记》记载：春秋战国时期蜀王开明氏迁都于今成都，有"一年成邑，二年成都，固名之曰成都"。以城成为当时名冠海内的商业城市。战国时期的燕昭王在今清苑县城东6华里处建城一座，城周5华里，这是今保定城市的开端。当时保定地处多路交通要道之中，战略地位十分重要。山西汾水河畔的平遥古称"古陶"，在西周时已筑平遥古城，春秋战国时为晋中都邑，商业兴隆。春秋时期的常熟悉在今常熟市西南的莫城镇，是春秋时期著名铸剑名匠莫邪铸剑的地方，故后人称为剑城、莫邪城，城中建有莫邪大王庙。由此可知当时这里的手工业已达到较高水平。徐州在春秋时期称彭城邑。彭城地处汴、泗二水汇合处，战略地位重要，一是吴国邗沟和魏国鸿沟两条运河在春秋时期已开通，可接近彭城邑；不仅诸侯国问鼎中原以彭城邑为前哨阵地，而且中原通江淮的水运以彭城邑为要道。当时仅宋国驻扎彭城邑的军队就达两万之众。至战国时，彭城邑规模又增大，《战国策·赵策》记载：宋都彭城邑"千丈之城，万家之邑相望也"。彭城邑是战国时期的商业名都。宁波在春秋时，是越王勾践所筑的著名的"勾章城",是一座文化发达较早的城市。福州是春秋时期越王勾践又一冶铁铸剑之地,著名的巧匠欧冶子就曾在此铸造利剑。春秋战国时期楚国在今襄樊市的襄阳筑方城一座,周长约12华里。今川北重镇阆中,在春秋时期已是秦川入巴蜀的第一大邑,是巴子国北部的一座重镇。今宜宾,在春秋战国时期已是当时僰侯国的政治、经济中心。《地理风俗记》记载:"僰于夷中最仁,有人道,故字从人",是僰族人文化发达之地,当时的僰侯国之都。司马迁的故乡韩城,在战国时期已筑有少梁、繁庞、籍姑等几座城邑,经济文化昌炽。总之,春秋战国时期,出现一大批新兴城市,而且不仅有政治、军事、文化中心城市,还出现一批商业城市,如临淄、邯郸、彭城、洛阳、姑苏、成都等城均为区域性工商业城市。其中临淄以冶铁、纺织业著称,赵邯郸和楚宛城以铁器制造著称,成都以锦和竹器著称。春秋时期以金属币、铜铲币为主要货币,战国时期的货币种类更多,各国都自行铸币。度量衡器的整顿、改革和标准为各国所重视,战国后期十进位制代替四进位制,反映了当时城市手工业和商业进步,特别私人工商业兴起,"工商食官"局面已被打破。

春秋战国时有些在西周兴旺发达的城市衰落了。最突出的便是西周在西安建为都城,并延续257年的丰镐。公元前770年,由于犬戎入侵,周平王迁都洛邑,丰镐的宏伟宫殿被毁于战火。春秋时周大夫行役路过丰镐,看到的景象却是:昔日繁华街市已成为

"彼黍离离,彼稷之苗"的农田,"故宗庙宫室,尽为禾黍"。在战国后期,"攻城以战,杀人盈城",战争对城市造成巨大破坏,也是一个普遍的历史现象。

但从总体上考察,春秋战国时期的城市有了长足的进步,不仅数量增加,规模扩大,而且城市功能也多样化、综合化了。上述一些城市不仅具有政治、文化中心功能,军事中心功能,而且其手工业中心、商业中心的功能大大增强了。一些城市的衰落主要是战争原因所致,当然也与自然灾害如洪水等有关系。

 春秋战国时期城市发展的原因

(1) 生产力发展。铁器的发明和使用始于商代,而在春秋战国时代铁器已普遍应用于农业、手工业和日常生活中。生产力的提高,推动了生产关系的变革,商周时期的集体耕作瓦解了,一家一户的小农经济逐渐形成。手工业生产在应用铁器之后,规模扩大,生产效率提高。生产力的提高和生产关系的变革,推动了社会生活方式的变迁和交换发展,由此导致城市规模扩大,城市功能增加,特别是经济功能大大增强了。

(2) 周王室衰落,诸侯间的战争连绵不断,兼并的结果使诸侯国减少,逐步走向统一。各国间的战争与经济实力的对抗是紧密联系在一起的,社会变革也推动了工商业的发展,导致了城市规模的扩大和经济功能的增强。

(3) 春秋战国时期开挖运河已因铁器的普及而成

为可能，水陆交通的空前发展，为城市的发展提供了重要活力。

（4）春秋战国时期社会变革的重要内容之一，是多国对民间发展手工业和商业政策的放宽，"工商食官"制度瓦解，既有利于工商业的发展，又促进了城市的发展和繁荣，以及城市功能的重要历史变化。

（5）铁器的普遍使用和手工业的发展，也推动了城市建设技术水平的提高。故春秋战国时期土木建筑与砖瓦建筑结合。在洛邑和燕下都有战国时的薄砖出土。

在春秋战国时期，由于铁器的使用，生产力的发展和社会的变革，从而推动了各地城市的发展。同时春秋战国时期也存在阻碍城市发展的一些因素，诸如互相兼并的各国之间，关卡林立，以邻为壑制造水灾，战争破坏，勒索异国客商，不仅阻碍了城市发展，甚至直接破坏了一些城市，导致人去城空，城区野草丛生的破败景象。但战国时期战争的区域性、破坏性有零散和规模小的特点，故从总体上讲，春秋战国时期城市的发展是主流。

四 秦汉魏晋南北朝时期的城市

 **秦毁诸侯城廓与确立郡县制**

秦代建立中国历史上中央集权的封建国家，实行郡县制，为中国封建时代城市体系的形成确立了行政法律体制。但是，短命的秦王朝只是集中全国人力、物力、财力建设了首都，而郡城和县城只是确立了其行政地位和作用。虽在全国实施车同轨、书同文、度量衡统一等，且修筑全国驰道，有利于城市的发展，却没能获得经济社会发展的基础。秦统一全国后初设36郡，后增至40余郡，设县900左右。郡、县在秦代主要是体现行政中心的政治功能，设郡、县官吏和驻扎守兵，设立司法机构。诚然，天下统一为经济社会发展创造了条件，因而也为城市的发展提供了基础，但经济社会和城市发展需要时间。况且秦统一全国后，下令毁六国都城和各诸侯所筑城廓，又迁六国贵族和豪民至咸阳，也导致一些城市的衰落。总之，秦代全国城市并没有长足的发展。

咸阳

秦朝的咸阳,首先是一座宫城。战国时期,从秦孝公到秦庄襄王所建咸阳都城,以渭水为轴线,南北布局,渭北是宫殿群,渭南是寝庙和皇家园林。秦王政称帝后,所建宫殿达300余个。其中"咸阳宫阙郁嵯峨"。阿房宫虽只建阿城、前殿和门阙,但仅其前殿已"东西五百步,南北五十丈,上可坐万人,下可以建五丈旗"。杜牧《阿房宫赋》:"覆压三百余里,隔离天日。骊山北构而西折,直至咸阳。"而"六国楼台艳奇绝"。有记载:"关中计宫三百,关外四百。"其次,咸阳是一座衙门城,城中有庞大的官僚机构,同时还驻扎大量军队。其三,咸阳城是一座官营手工业和商人云集的城市。由于贵族居住和部队驻扎,咸阳城人口众多,为满足宫廷大量消费,集中了全国的冶金、建筑、纺织、制陶,以及生产日用品的手工业匠人。迄今所发现的大规模作坊遗址,证明其为官办手工业作坊。由于贵族、军队等各类社会需要,全国商人云集咸阳,咸阳商业十分繁荣。咸阳城有咸阳市、直市、奴市等著名市场,设有专门管理机构。秦朝实行发展官商和抑制私商的政策,以"金布律"、"关市律"控制市场。秦朝提出"上农抑末"政策,这是中国最早的抑商政策,对后世影响极为深远。加上秦之暴政,经济社会发展大受阻碍,城市没有得到应有的发展。

 汉代城市

　　公元前202年，汉高祖刘邦建立西汉王朝。汉王朝接受秦暴政逼民造反而亡天下的教训，采取与民休养生息的政策。社会获得长期稳定，经济实力积聚，形成为中国封建时代的一个强盛时期。西汉城市是封建时期城市体系，包括城市数量、布局，以及城市功能、地位和作用全面形成的一个时期。

　　（1）西汉城市的数量与分布。从汉代初年休养生息，到汉代中期经济社会繁荣、文化发达进入盛期，西汉城市有一个长足的进步。

　　郡、县制体系下的郡、县城建设与经济文化作用增强。郡、县制虽然创立于秦，而郡、县体系的逐步提高和完善，以及郡、县作为地区行政、经济、文化中心的地位和作用，却是在汉代逐步实现的。

　　郡、县城的建筑，道路及其他设施的建设，实现于汉代。公元前201年刘邦下令"天下县邑城"。汉代初年就重视县城的建设，开始是修筑城墙等防御设施和衙门建设，继而配套建设道路和引水设施。汉代郡有上百个、县有上千个。首都、郡、县城的建设是汉代政治、经济、社会、文化稳定的发展的象征。

　　都城发展和建设是封建国家的象征。丞相萧何营筑汉长安未央宫和北宫，在此基础上营造长安城，是汉史上有名的大事之一。汉长安城周为65华里。汉武帝时又增建桂宫、北宫和明光宫，城外建上林苑和建

章宫。长安的规模被史学家誉为当时世界上最大的城市之一。

长安郊区建陵城。即在长安郊区皇帝陵附近，建城安置"全国各地所迁豪富"。先后建成长陵、安陵、霸陵、阳陵、茂陵、杜陵、平陵等共7个陵城。由于这些城市居住着各地迁来的豪富，所以成为消费性城市，商业兴盛，自然也带动了相应的手工业的发展。据历史记载，茂陵规模在陵城中规模较大，人数达27万以上，其余陵城规模也在10万人之上。

（2）东汉城市的规模与发展。东汉时以洛阳为都城。洛阳城"南北九里七十步，东西六里十步"，故史称"九"、"六"之城。洛阳有南宫和北宫，全城建统一道路联系南、北宫。在南、北宫之间建间里。全城建24条街道，每条街道一分为三，其中间道路为御道。

东汉时不仅中原地区和长江流域城市发展，沿海城市也进一步发展。岭南地区城市的发展尤较前代突出。如随着海上丝绸之路的形成和发展，番禺、徐闻、合浦都发展成为当时著名的城市。

在西汉长安、东汉洛阳大发展的同时，临淄、邯郸、成都等城市都已发展成为区域性较大的城市，工商业功能增强，成为汉代城市发展的显著特征之一。

汉代城市文化发达。汉武帝时在长安设立最高学府太学，并收藏大量图书。东汉时在洛阳建太学，还建有大型图书馆东观，以及天文观察台灵台。张衡主持发明制造的"地动仪"就在灵台问世。汉代的各郡县普遍设有地方学校，儒教、佛教在汉代兴盛。

 魏晋南北朝城市

东汉建安十三年（208年），曹操在赤壁之战败于蜀、吴，三国鼎立的历史格局形成。从那时起，中国城市的发展也呈现出颇具特色的历史面貌。

（1）两晋时期的许都、邺城、洛阳。许在今许昌附近，原是一座小城。汉献帝被曹操从洛阳带到许后，便将许作都城，史称许都，曹操把这座小城建成为二重城——内外两城，周围15华里。建安九年，曹操在今河南安阳东北部临近漳水之地营建邺城，以作王都。邺城"东西七里，南北五里"，铜雀台的遗迹至今仍向人们展示出曹操当年企图统一中国的愿望。邺城城区有一条宽阔的东西干道，分城区为南北两部分，北部为宫殿、官署、苑囿等设施，建筑辉煌；南部为一般居民区。在功能布局上，独辟封建时代王城布局新局面，既有宫殿、官署、苑囿区，又有一般平民百姓居住区，以一条东西大道隔成南北两大城区。这既是封建统治阶级与被统治阶级的严格划分，又是统治阶级的存在离不开一般百姓的客观实际的反映。

曹操推行屯田、开凿运道、北征乌桓，既为统一全国打下基础，又为北方经济社会发展创造条件，客观上形成了许都、邺城发展的历史条件。

洛阳在东汉末年惨遭战争破坏。曹丕废汉献帝之后，自称帝，建魏国，随后迁数万居民至洛阳，重建洛阳宫城。太和三年（229年），魏明帝再征民工数万

31

修城，洛阳之王城气派甚至超过东汉。曹丕亦曾对谯、许昌、长安、邺城大兴土木，与洛阳合称"五都"。

魏晋时期北方农业、冶铁、纺织等都得到发展，商业复苏并兴盛起来，洛阳等城市又得以繁荣。

西晋仍以洛阳为都城。司马炎时期的洛阳城规模扩大，南北加宽达9华里70步，东西达6华里10步。洛阳内城为宫城，宫殿、御道建设宏大；外城为手工业、商业和居民区，是当时全国的商业中心。到310年晋怀帝时，刘曜破洛阳城，洛阳城遭到兵与火的灭顶之灾。

（2）蜀、吴之成都与建业。

蜀之成都。成都作为蜀汉都城的43年中，手工业得到较快发展。蜀汉立国靠成都平原的富饶物产。在农业文明的基础上，蜀汉地殷人众，"水旱从人，不知饥馑"。刘备统治时期，成都各种手工业较为发展，特别是织锦业发达。蜀在成都有工官户达7.6万之多，故成都得"锦城"美名。蜀汉时期是成都织锦业发展的一个重要历史阶段。

蜀汉时期的成都，商业畸型发展。刘备本人就是大商人支持下兴起的，货殖世家糜竺妹妹嫁给了刘备。刘备得到糜竺支援的奴客达3000人，另外还得到巨额金银货币。富商与武装势力的这种互相利用，对刘备本人和蜀汉都起到很大作用。刘备据四川后，就铸直百钱，平定物价，开设官市，垄断市场。盐、铁是当时各国特别是吴国十分注重的经济事业。而蜀汉与吴国一样，设立了司盐校尉，实行盐铁专利，大大有利于蜀汉的财政收入。丝织品的官营,远销吴魏,在西蜀经济中也占有重要地位,成为支持蜀汉进行战争的财源之重头。在这个基础上,成都成为西南地区的经济中心、商业繁荣的城市。

刘备建都于成都,将成都改建为城周20华里的大城市。刘备的后代则大兴土木,使成都宫殿的规模达到封建帝都的水平。由于商业发达,商人建筑也很富丽堂皇。

吴都建业。229年,孙权于武昌称帝,后迁都建业,并在石头城以东另建建业城,史称吴郡城。建业城规模周长20华里19步,是二重城。城西临大江,北带后湖,南拥秦淮河,东部平岗环绕。吴赤乌四年(241年),开渠通秦淮河,设栅为据守要隘。

东吴不仅置盐铁生产于国家管理范畴,而且在建业和侯官设典船都尉造船。吴海上运输颇称发达。孙权曾遣周贺浮船百艘到辽东贸易,还先后遣卫温、诸葛直率甲士万人求夷洲(台湾),遣聂友和陆凯运兵3万到珠崖儋耳(海南岛),又开辟通往印度航道。

东吴商业发达,吴郡有大市,还有小市10余所,东有方山津,西有石头津,征收商税。在建业郊区还有草市出现。

(3)十六国与南北朝时期城市的变迁。十六国与南北朝时期中国城市变迁最显著的情况可分岭南、南方、北方等三方面城市的发展变迁。广州的对外贸易港功能形成于汉代,在十六国和南北朝时期得到继续发展,"舟东继路,商使交属"。梁武帝时,外国船舶年年有十几批入港，梁朝的船只也航行海外。在对外贸易的同时，广州还是珠江流域和南方各少数民族进行交换和贸易的中心城市。

泉州在南朝陈武帝永定二年（558年），开始海外交通，逐渐发展成为具有外贸功能的城市。

成都作为商业中心城市，虽在战乱中几起几落，但在东晋时又复兴，与宁州、越、资陵、吐谷浑等少数民族地区的贸易成为成都商业中心的突出特点，其蜀锦产地与交易中心的地位也得以发展。

在十六国和南北朝时期，今浙江省的一些城市，手工业和商业仍然保持了继续发展的态势。吴郡、会稽、余杭、东阳是当时有名气的工商城市，商贾云集。与此同时，南方广大地区都散布着一些表现出生机勃勃的小城市，如豫章出产鸡鸣布，其他手工业也较发达。新安、永嘉、建安、遂安、鄱阳、九江、临川、庐陵、南康等小城市呈现手工产品荟集、商业发达的景象。

南方与北方联系地带的彭城、寿阳、郢州、襄阳，逐渐发展成为南北互市城市。

北方城市受社会动乱影响大，在十六国与南北朝时期，许多原先已发达的城市衰落，某些城市因作小国都城而兴起成为新兴城市的现象不断出现。诸如长安、洛阳在这个历史阶段，兴衰起落成了常事。曹操所建邺城在十六国时期荒废达160多年，而到东魏北齐时又作都城，其市廛兴旺一时可比洛阳，但北周灭齐，邺城又废。平城（今山西大同）由北魏拓拔珪创建，汉族手工业者与少数民族商人在这里经营和生活。该城作魏都百余年，其间商业繁荣，城市兴旺，有关南朝聘使到金玉肆问价的历史记载，可反映平城市场的兴旺。北魏太和十七年（493年）孝文帝迁都洛阳，平城萧条了，洛阳却又复兴，形成西阳门外大市、城东小市、城南永桥市。洛阳是当时南北东西交通中心，五方杂处，城市繁荣。后又成为东、西魏争夺的战场，战火一直绵延到隋王朝统一天下。

长安于前秦苻坚时逐渐恢复，后又毁于后秦灭亡之时，在荒芜上百年之后，于西魏、北周时又复苏。当长安作为辉煌的汉都，以宫殿炫耀于世之后，在天下纷争、民族融合的历史过程中，历史又给它增添了新的活力。"华戎杂错、去农经商、朝夕争利"的文献记述，会给人以怎样的印象和认识呢！再加上北朝后期汴州以交通枢纽功能为主兴起，而原先的名城临淄却湮没无闻。十六国和南北朝时期城市史显示：城市没有永久的繁荣，社会的变动不断导致城市的兴衰和变迁。

(4) 十六国与南北朝时期城市变迁的历史原因。经历秦汉封建初期发展之后，各地区经济原有的格局已经变化，特别是社会与文化的后进地区变化尤大。南方经济和社会发展，北方和少数民族地区的经济社会也在发展，而迷赖于中原发达基础上的王朝的腐败，必然导致历史的巨大变动。特别是区域经济发展的不平衡，更可反映历史的真实。这一历史阶段全国各地城市虽然有起有落，但整体变化格局是：南方城市总趋势是发展了，北方城市总趋势是原有的以单一行政功能为主的郡县政治中心和都城，变为地区交通、工商业和"华戎杂错"的城市，在南北方交界地区一些城市如彭城、寿阳、郢州、襄阳则成为南北互市场所。

（5）南北朝时期区域交通和科学文化进步。秦汉咸阳、长安的繁荣时期，有迁豪强大户至那里的记载；有秦始皇修驰道、设郡县及汉代实施交通、郡县制的记载。魏晋南北朝时期，却已经不仅仅是秦之"驰道"、"移民"、"迁豪富"之类，十六国南北朝时期各国互市已成为必要，区域交通已成为势在必行。当时，南北交通路线主要的有6条：东为经淮水、泗水贯通邺、山阳与彭城、广陵之间；中有河南颍水、汝水南下寿春；潢川、邾城蕲黄路；西有汉水贯通汉中，南阳与荆郢；更西有巴蜀通关中之路；海上之路出长江可北通山东、辽东，广州、泉州通海外航线对贸易促进也较大。诚然，在分裂局面下，割据阻挠交通的现象普遍存在。但总的新趋势是地区间交通发展。这个时期的科学技术文化进步，民族文化融合在各方面进行着，甚至城市建筑也多样化，更为突出的是东晋南北朝时期建康成为江南文化名城，不仅有各种学馆建设起来，而且出了许多中国历史上著名的科学家（包括自然科学家、社会科学家和艺术家），如祖冲之、范缜、刘勰、王羲之等。

五　隋唐城市

 **隋代城市**

隋文帝下诏脱离汉长安地址，另择地址建大兴城。汉长安居龙首山北麓；而隋大兴城在龙首山南麓。大兴城周长达75.2华里，总面积达336平方华里。其中居民区占全城面积的63.8%，宫城区仅占36.2%，"较之汉代长安城宫殿建筑占全城三分之二"（何一民：《中国城市史纲》95页）有了很大变化，体现出隋文帝提出的"合大众所聚"的要求。皇城与廓城各有道路网络系统，皇城道路网与廓城道路网有联系，又相对独立。两个市场皆设于皇城外，开有8门，可通四面八方。市场并不全为宫廷服务，只有东市主要为官僚服务，西市则对国内外商人服务，居住着国内各地商人和国外波斯、阿拉伯等国商人，商店与手工业作坊有的杂错布置。大兴城内有较多寺庙，佛教盛行。大兴城作为一座封建时代的都城，上述功能的多样化趋势，反映出新的历史进步。

按照隋文帝意旨设计这座都城的人，是建筑学家宇文恺。宇文恺之名与大兴城一起载入我国历史史册。他的历史贡献，除宫殿建筑和城址选择、道路网络设计之外，恐怕最应肯定的历史功绩在于大兴城不仅是"皇王之邑"，而且为"大众所聚"。

隋炀帝时下诏营建东都洛阳，建成由宫城、皇城、廓城3部分组成的洛阳新都。总面积为180.8平方华里。隋代洛阳不仅是皇城、宫城所在，而且其经济功能突出：第一，是全国手工业和商业中心。官办手工业规模巨大，"征天下工匠"于洛阳，诸州工艺户达3000余家在洛阳居住。洛阳市内设3个市场：其中丰都市周长约8里，通门12个，市内有120行，3000条肆（商店）；通远市周长6华里，20门，分路入市，商贾云集，并与漕渠通；大同市周长4华里，开4门，市场有邸（邸即店）141区，资货66行。第二，隋代洛阳是全国南北运河漕运和经济文化交流中心。洛阳建有含嘉仓城，仓城内建粮窖400多座，是全国最大的粮仓所在。

隋代，东南地区出现一批商业繁华的城市，诸如江都、宣城、丹阳、毗陵、吴郡、京口、会稽、余杭、东阳。四川成都是隋代西南地区水陆所凑、货殖所萃的城市，所产绫锦海内有名。扬州则是大运河南北转输之要区，对外贸易的港口。北方睢阳（商丘）、清河、沧州、景城、太原、鲁郡等城市也有所发展。

隋代城市的商业区和居民区都设"市"、设"坊"，在地方郡、县城也皆有"市"。"市"已成为隋代城市的显著特征之一。

 唐代城市

唐朝全盛时期,郡、府、县所在驻地的手工业、商业繁荣,它们就是当时中国的城市和城镇,地区的行政、经济和文化中心。唐朝是中国农业文明时代的鼎盛时期,城市和城镇工商业繁荣,建筑鳞次栉比,"家给户足"、"粮仓丰实"。杜甫描写开元盛世的诗中完全反映出唐代城市的特征:"忆昔开元全盛日,小邑犹藏万家室,稻米流脂粟米白,公私仓廪俱丰实。"

(1) 唐朝前期的"道"与"州"。唐朝前期全国划分为10个道(玄宗时重新划分为15个道),道下设315个州。道治和州治所在地,就是有数万家室的城市。按行政级别与城市规模相一致的封建等级原则,道治城市规模大于州治城市,州治城市又大于县城。唐代前期道、州二级城市共计325个。

从道、州治城市分布来看,已遍布全国。唐朝城市数量多,分布广,反映出唐朝天下太平,经济繁荣,社会安定。还有一个原因,即隋代开凿的南北大运河,沟通南北广大地区,又经洛阳沟通西京长安,水上运输是古代的主要通道,推动了全国物资、文化交流和各地城市的繁荣。

(2) 长安与洛阳。唐代长安是在隋代大兴都城基础上兴起的。原大兴城的街坊、市、设施的布局和建制都得到了保留和扩建。封建王朝的帝都,宫廷的修建是所有王朝所追求的。唐王朝把隋代大兴宫改为太

极宫,又兴建了兴庆、大明等宫殿,而且大明宫的位置已不在原来隋代大兴城垣范围之内,而是建在原大兴城垣以外了。长安作为都城的特殊地位,集中了全国的人、财、物,历经290年的建设,终于成为世界中古史上最大的城市之一,史称唐长安,人口超百万。

唐长安的宫殿建筑规模及其辉煌程度,在当时世界上是无与伦比的。其政治功能方面的都城特征登峰造极。与都城政治象征相适应,其文化中心功能得到极大发展。在科举制度下,长安成为全国的教育中心,科举制度的顶峰所在。全国各地有学问的人和读书人都向往长安,来长安聚会,就连远在西藏的松赞干布也派几批学生前往长安学习。长安还是国内外文化交流中心,日本学者和西域各国的学者到长安学习,并和中国学者结成深厚友谊。"日本晁卿辞帝都,征帆一片绕蓬湖,明月不归沉碧海,白云愁色满苍梧",就是唐代中日学者深厚友谊的真实写照。与此同时,中国文化使者也从长安出发到国外进行文化交流活动。唐玄奘去印度,经历千辛万苦,而后又回到长安,翻译佛教经典,著书立说。所有这些,都是唐长安作为国际文化交流中心的真实写照。

唐代长安又是全国的商业中心。经历"贞观之治"、"开元之治"的唐代中国,一是农业空前发展,粮食生产增加,这是农业文明时代手工业、商业发展的基础。农产品除供农民、军队食用外,还有剩余粮食供养手工业者和商人。二是手工业包括私营与官营手工业空前发展。制革、印刷是唐代新兴手工业,纺织、陶瓷是唐代规模最大的手工业部门，冶铸较前代进步，蔗糖业已兴起。手工业的地区性很强，地区特产大量涌现，如徽墨、湖笔、益州麻纸、宣纸、蜀锦等。长安刻版印刷手工业闻名全国。全国手工业发展提供了丰富的商品，这是唐代长安商业发展的物资基础。全国各地商品生产的发展，为长安提供了丰富的商品。

唐代长安商业发展，聚会全国商人和商品，首先因为长安是都城；其次有交通运输发展作保证。隋代开凿的南北大运河，在唐代成为南北物资交流的大动脉。唐玄宗时开凿大庾岭，使广东与内地畅行无阻。唐宪宗时，开福建陆路400华里，使商路更加方便。唐代长江水运畅通、繁忙，南方各地利用河流多，水系成网的方便，发展地区交通。唐代还发展海上运输。杜甫诗句中有："云帆转辽河，粳稻来东吴"；"吴门持粟帛，泛海入蓬莱"。唐代造船业因长江、大运河等水上运输需要而发达起来。唐朝代宗大历和德宗贞元之间，有些商船"开卷为圃，操驾之工数百，南至江，北至淮，岁一往来，其利甚大"。

唐代陆路交通也有很大发展。以长安为中心，四通八达的驿路在中国历史上占有重要地位。唐代驿路上设有大量驿站。大约每隔30华里一个驿站，全国约有1600所左右，服役人员达5万人以上。还设有邮驿，邮驿分陆驿、水驿和水陆驿兼办。水驿备船，陆驿备马、驴，商客便利。在驿的附近，设客舍旅店。自长安"东至宋汴，西至歧州，夹道列肆，待客酒馔丰溢,每店皆有驴赁客乘,倏忽十里,谓之驿驴。南诸荆襄,北至太原、范阳;西至蜀川、凉府,皆有店肆,以借商旅"。唐代还出现了向商人出租马车的车坊,帮助商人运客和运货物。

在交通、商业发展的推动下,唐代货币制度也有发展。唐初沿用"五铢钱",后改为"开元通宝",不以重量为钱币名称,冠以铸造年号,成为唐及唐以后历代钱币的标志,通宝钱占据了此后中国封建时代货币的主宰地位。

唐代长安城商业的发展,推动了长安城市布局和城市功能、管理制度的演变。

唐代长安城中,住宅区与商业区是分开的,商业区称为"市"。长安城内有东、西二"市",四周有围墙,东西南北各600步。唐初规定,商店只许开在"市"内。长安二市共设8门,又有旗亭,负责击鼓钲以开闭市门。市的四周设邸店,囤放货物,贩卖货物。唐代后期,由于商品流通的发展,这种限制被突破,开始在坊市门外形成店铺,以致在原先住宅坊里中也开设了商店。市场中形成了街,街两边按经营商品划分地段设行,行中有市肆。

唐代长安城不仅是当时的国际文化中心,而且是名副其实的国际商业中心。陆路"丝绸之路"在唐代最繁荣,往来商人络绎不绝。

陆路还可经葱岭入阿富汗境内,然后到印度。西南线路,可自剑南、西川入西藏经尼泊尔至印度,还可自桂林经云南永昌入缅甸至印度。北方线路自大同、云中至大漠南北。东北线路自幽州经辽西走廊过辽阳渡鸭绿江到朝鲜半岛。在海路贸易方面，唐代海路航线已通过印度洋，直达波斯湾，再达东非。向南可通真腊、爪哇、苏门答腊。向东经朝鲜，抵日本。这些陆路与海路都是商路，这些商路又通过各条水路、陆路网络到长安城。所以，唐代长安内外商业的发展对国内市场的繁荣和中外经济文化交流起了很大作用。

洛阳，在唐代相对于西京长安称东京，是仅次于长安的唐代政治、经济、文化中心。武周时期，由于武则天经常住在洛阳处理政务，一度在政治上取代了西京长安的都城地位。

中国历史发展到唐代，洛阳的发展完全取决于全国经济社会发展的大局。换言之，由于唐代南方经济的发展，大运河的畅通，南北经济、文化的交流聚会，都使洛阳的发展条件优越于长安。

第一，洛阳是南北水陆交通要冲。洛阳位于南北大运河的中心点上，南北经济、文化的交流在洛阳聚汇。因此，洛阳在唐代前期已成为商贾荟萃之地。宋敏求《元河南志》记载：洛阳南市，"其内一百二十行，三千余肆"。

第二，唐代漕粮要经过洛阳转输西京长安。唐代全国最大的粮仓在洛阳。每逢关中歉收之年，大小君臣都赴洛阳就食。

第三，洛阳手工业相当发达。官营手工业与私人手工业在洛阳均得到发展。手工业的范围几乎包括冶铸、制陶、纺织，以及民间日用品，应有尽有。

（3）扬州、益州、广州。扬州处在长江与运河会合处。"广陵当南北大冲，百货所集"。春秋时期吴王夫差凿邗沟运河，在蜀冈上建邗城，这是历史上最早的扬州城。汉代称广陵城，隋代始称扬州。唐代长江江岸南移，蜀冈下形成工商业区，唐代在蜀冈下筑罗城。唐代以前，扬州军事功能突出，自唐代起，扬州经济、交通功能上升为首位城市功能。唐朝在扬州设盐铁转运使，掌两淮海盐，是海盐贸易中心。扬州既是长江流域物资集散地和长江下游对内对外贸易中心，又是南北运河上沟通南北的商业中心。因此扬州是东西、南北两大经济动脉的交汇点。扬州是唐代沟通海内外的港口城市，日本以及东南亚各国船只都先到扬州，然后再沿长江或运河到洛阳、长安等地方。扬州在唐代是有名的外商侨居地，阿拉伯和波斯商人在扬州开店铺，置田产，娶妻子。中国出国使者和商人，也可从扬州东渡海外。故《资治通鉴》称："扬州富甲天下，时人称扬一益二"，这是说天下繁华城市扬州第一，成都第二。扬州在唐代最为富盛，张祜诗描述扬州街市为："十里长街市井连"。范阳卢仲元"持金罂于扬州"，"复市南货入洛"（赵璘：《因话录》，卷三，《商部》下）。唐代扬州的规模与功能跃然纸上。

在唐代，成都多"伎巧百工"，商品生产发达。其中以丝织业中的蜀锦最为著名。成都商业发达，原有的市场拥挤，唐贞元年间，韦皋节制成都时，于万里桥隔江创置新南市，"人逾万户"，市廛为一时之盛。有学者考证，唐代成都人口规模达50万人左右。

广州是岭南著名都会和港口城市。唐代每年有1000多艘船舶进出港口,侨居外商数以万计,对外贸易发达、繁盛。广州是南方竹、布、籐、箪、药材等物资集散地。在港口发展和商业贸易发展的推动下,广州市场面貌变化很快。在广州,原来店肆是以竹茅为屋,屡有火灾,唐代改造为瓦屋。唐玄宗时开凿大庾岭,广东与内地交通大大方便起来,促进了广州与内地经济文化的联系。

(4) 县城的城乡市场。唐代的全国性城市和区域性城市得到了发展,与此同时,一些县的治所也市场繁荣,有较大发展。这是唐代县城逐步形成一些小城市的标志。太宗贞观四年(630年)置盐官县市。武周万岁登封元年(695年)建浙江富阳县市。此外,临济县、禹县都有县市。杜甫的盐亭县诗还提到山城有县市。到了唐代后期,城乡集市普遍发展,并不只限于县城,这是很大的进步。唐中宗景龙元年(687年)十一月敕:"诸非州县之所,不得置市"。但到唐末,不仅在水、陆交通要道发展起来一些集市,而且有行政设置的市。如长江一带和北方有草市,在南方有墟。草市和墟本是农村集市,唐末已开始向镇市发展了。

六　五代城市

907年，朱温背叛农民起义军，自立为帝，建立后梁。从此，中国进入五代十国时期。五代指相继统治中国北方的5个封建王朝：后梁、后唐、后晋、后汉、后周。五代共历时53年，皆属短命王朝。与此同时，南方和河东（今山西境内）地区先后存在10个割据政权：吴（扬州）、南唐（南京）、吴越（杭州）、前蜀（成都）、后蜀（成都）、南汉（广州）、楚（长沙）、闽（福州）、南平（江陵）、北汉（太原），史称"十国"。

南方、北方虽然同样处在割据政权统治下，但北方战争破坏比南方严重，南方割据政权有保境安民的政策，相对有利于经济发展。

五代十国时期的战乱不仅影响了经济社会进步，而且直接造成了对城市的破坏，特别是原先作为都城的唐代长安城、作为陪都的洛阳城，在屡遭战争浩劫后，逐渐衰落下去。南方战争相对较少，经济一般上升，中国经济和文化中心逐渐南移。

南方农业继续发展，特别是农田水利建设较前代进步。南唐是当时发达的农业地区。浙江和福建粮食丰收，仓库充实，吴越和闽成为富裕的地方。

在农业文明时代，只要农业发展，手工业便可获得粮食和劳动力的供给，因此而有了发展的基础。同时，农业的发展，还提供了经济作物种植的广阔天地，为手工业的发展提供充足的原料。五代十国时期，吴越、闽、楚、前后蜀等国大量种植茶、桑。茶是商品，丝成为纺织原料。棉花种植也从岭南传入湖南。南方手工业主要有：淮盐、蜀盐；吴之矿冶、楚之潭州丹砂；蜀锦、吴绫；南唐织染；楚、闽制茶；另外，瓷器生产在很多地方也得到广泛发展。手工业的发展，推动了商业的发展。如楚地"茶利尤厚"、"财货丰殖"；吴和南唐所产的盐销往荆南；闽通过海路与中原贸易互通有无；南汉和闽都有广泛的对外贸易，吴越还与日本、大食通商。

五代十国时期，南方城市有了较普遍地发展，而且还涌现出一批大型城市。

 **杭州**

杭州在唐代已经日趋繁荣，到五代时，又继续得到发展。当时钱塘江"舟楫辐辏，望之不见首尾"。吴越既以丝织品、茶叶、瓷器向北方朝廷进贡，又利用以此换取的允许贸易的机会，往来贸易以获利。随着经济发展、社会稳定和对外商业贸易的繁荣，吴越扩展旧城，凿石填江。吴越扩建后的杭州城包括子城、

夹城、罗城三重。夹城周围50华里，罗城周围70华里。钱塘江捍海堤，一般认为是保护农田，其实更具有保护杭州城市的功能，保证了杭州城廓的安全。

 金陵

南唐修整金陵城。由于城市人口日增，商业繁盛，便扩大城廓范围，设置新市场。南唐依据金陵山水形势，把宫城修在外廓城中偏北处，周4华里。整个外廓城周长25华里。

 福州

南汉和闽都进行着广泛的对内贸易和对外贸易。闽王王审知善于"招徕海中蛮夷商贾"。他在福州海口黄崎山开辟港口成功，闽人都拥戴王审知的德政，为新辟港口命名，"号为甘棠港"。王审知在建设港口，进行广泛的对外贸易的同时，还进行城市建设，扩大福州城市规模，扩建街道，修整宫室。福州城市呈现出新的生机。

 开封

唐末，汴州刺史、宣武军节度使朱温拥兵自立，于907年4月建后梁政权，将汴州改为东京开封府，此为汴州称开封之始。五代时，梁、晋、汉、周均建

都于此。到周世宗柴荣时，开始对东京作全面改造规划。柴荣认为东京城有"泥泞之患，火烛之忧，寒温之苦，疫疾之扰"，于是他决定拓宽道路，疏浚汴河，植树掘井，并扩大城市规模，加筑外城（罗城）。柴荣的改建措施在中国历史上是杰出的，它打破了传统的都城建设以宫殿为主的做法，注重解决城市发展中的实际问题。柴荣还有一个杰出之处，即他在扩建开封的诏书中曾用两句很形象的话说："纵得价钱，何处买地？"他指出了城市扩建中要节约土地，浪费土地不是用金钱可以补偿的问题。

后周太祖郭威和世宗柴荣曾进行过一些改革，使中原地区经济得以恢复和发展，因此才为开封城市的发展和建设奠定了基础。

除上述城市外，成都在五代前后蜀时期也有新发展。成都出现了蚕市、药市、七宝市（器物）等专业市场，这是城市发展中的一个新特点。

七　两宋时期城市

 北宋城市发展的历史背景

（1）农业生产力提高。前代农业生产使用的牛、马畜力和犁、锄、镰、耙等铁制农具和水车仍然广泛应用，与此同时，又有新的农具得以发明和改进，如不用牛的踏犁，不用弯腰插秧的秧马，依赖水力自转的水车，以及施用的肥料等，都有新的进步，促使农业生产力有了很大的提高。北宋的垦田面积不断增长，太祖开保九年（976年）为295万顷以上，到真宗天禧五年（1021年）达到524万顷以上。随着农业的发展，人口也大为增加，真宗景德三年（1006年）为1628万，到英宗治平三年（1066年），增加为2990万。

（2）科学技术发明和手工业发展。由于造船业发展，指南针普遍使用，推动了远洋事业的发展，内河船舶制造业有虔州、吉州等11处，内河航运也得到发展；活字印刷术的发明，推动了印刷业的发展；火药利用大有进步，火炮、火箭等火器制造出来。另外，

纺织、制瓷、造纸、漆器的生产技术都有进步。宋代定瓷有名，江东造纸有名，纺织中出现了织锦和缂丝。

（3）采矿与冶炼技术进步。宋代采煤已采用双井筒、大巷道和通风设备。北宋初矿冶业共201处，英宗时达271处，超过唐代。宋有一些以冶炼出名的城市，如磁州炼钢出名，太原日用铜器出名，耒阳制针出名等。宋代还发明了用于天然气开采的深井钻凿器和筒井，火井煮盐也始于北宋。

（4）商品流通大发展。农业、手工业发展，商品增多，需要扩大流通。流通商品的数量、质量都有了大的提高。特别是社会分工和生产内部的分工，促进了商品种类的增加。区域特产也成为宋代商品流通的一大特色。

（5）水陆交通改善。北宋时，陆路交通以开封为中心，东西南北都有驿路。东至曹州，通山东各地；南至应天府，再至江苏、浙江和福建各地；经蔡州信阳军至寿州；东南到洪州，再经岳州到广州；西通长安，向西北至陕、甘等地；向北渡黄河可达大名府、真定，西北到太原。每30华里一驿，驿有驿站，站有驿舍、客店、堆栈等。

开封是著名的四水贯都的城市，汴河、惠民河、广济河、五丈河都可与内河航运沟通；宋代的海运也得到发展，海上自浙江可至登州与密州，密州是宋代北方重要港口；自胶西镇3日可抵明州、定海。北宋还开辟了水路与陆路联运。

综上所述，北宋时期农业、手工业、商业和交通的发展在诸多方面超越前代。因此，城市的发展也超越前代。

 开封

开封，北宋称东京汴梁，是当时全国最宏伟壮丽的城市。它是在后周规划的基础上营建而成的，这座城市的建设和城市功能都超越了前代任何都城。

东京汴梁由3套城墙、3套护城河、4条运河、33座桥梁、4条御路纵横交错构成城市的整体结构。其中，皇城城周为9华里18步，内城20华里150步，外城48华里232步，规模宏大。4条御路形成"井"字形城市干道系统布局结构，对后代城市规划影响很大，如元、明北京都城接受了开封规划的影响。

东京汴梁坊市制崩溃，街道形成开放式，改变了汉唐城市封闭式坊里形式。东京汴梁大街小巷呈开放型，为前代所无，为后代所用，历史影响深远。

汴梁市场开放时间超越前代。前代城市市场限于日市，汴京既有日市，也有早市和夜市。《东京梦华录》记载，汴京皇城东北角潘楼酒店，"其下每日自五更市合，买卖衣物书画，珍玩犀玉，至平明、羊头、肚肺、赤白腰子、奶房、肚肺、鹑兔、鸠鸽、野味、螃蟹、哈蜊之类讫，方有诸手作人上市，买卖零碎作料。饭后饮食上市"。在潘楼东十字大街，"每五更点灯博易买卖衣服、图画、花环、领袜之类，至晓乃散，谓之鬼市子"。与早市发展的同时，夜市更形热闹，甚

至皇帝也认为夜市增加了城市的繁盛气氛和生气，所以，宋太祖乾德三年（965年）曾明令开封府：三鼓以后，夜市不禁。汴京夜市比早市多，朱雀门外"街心市井，至夜尤盛"。潘楼东太庙街、州桥南去，马行街至封丘门大街等，"夜市直至三更尽，才五更又复开张，如要闹去处，通晓不绝"。

汴梁市场、商行有所发展。汴梁市场出现分工，市场有鱼市、马市、牛市、鹑子市、瓮子市、竹竿市；商业分工有夹子行、姜行、纱行等。还有客店、浴堂、染店、瓦子等服务行业。

汴梁城中形成各种集市。相国寺的定期庙集，在中国历史上是很著名的城中集市。"相国寺每月五次开放，万姓交易。大三门上皆飞禽猫犬之类，珍禽奇兽，无所不有。第二、三门皆动用什物……近佛殿，孟家道院王道人蜜煎、赵文秀笔及潘谷墨，占定两廊，皆诸寺师姑卖绣作、领袜、花朵、珠翠、头面，生色销金花样幞头……殿后资圣门前，皆书籍玩好，图画及诸路罢任官员土物香药之类。"

北宋时期开封成为全国的政治中心，工商业非常繁荣。因此，城市人口急剧增加。研究开封城市史的各种专著皆根据《宋史·地理志》记载：北宋太宗太平兴国年间（976~984年），开封为18万户，神宗元丰年间（1078~1085年）有23万户，徽宗崇宁年间（1102~1106年）有261170户，442940口，宋代的"口"是指男丁数，即20~59岁为丁，并不包括妇女、少年儿童及老人，男丁口数仅占全部人口的三分之一。

七 两宋时期城市

据此，开封实际人口在太宗太平兴国年间应为72万~90万人，神宗元丰年间应为92万~115万人，徽宗崇宁年间应为104~130万人。因此，北宋开封被描绘为"人口愈百万，富丽甲天下"。但是，北宋的东京开封人口，是指开封府的人口，并不是指开封市区人口。当时，开封城市由皇城、内城、外城组成，有三道城墙。其中外城墙周长为48里（华里）。三重城的面积为96平方公里。如果按人口密度为6667人/平方公里计算，当时开封城里最多只能住下64万人。这样的人口密度，只能在现代（1995年统计）的广东珠江三角洲发达地区的城市里才能找到，但它是现代高楼大厦林立的城市，而北宋东京开封不曾有现代高楼林立的情况。北宋著名画家张择端的《清明上河图》是当时东京真实细腻的描写。《清明上河图》描绘开封城中商店布满河岸的街道两旁，手工业也相当发达。尤其是城南跨汴河和蔡河之上的州桥与龙津桥之间的一段最为繁华，热闹非凡，其中"州桥夜市"是开封有名的夜市，当时开封还是一座国际性贸易都市，日本、朝鲜、印度、越南、阿拉伯、南洋群岛等国家和地区的商人都是开封商客。虽然，当时的开封仍然是中国古代的瓦房、店堂建筑，但街道宽阔，自然生长树木花草茂盛，建筑之间的空间比较开阔。这是因为北宋的东京是在后周柴荣规划的基础上建设起来的，大街小巷都是开放式的，为中国前代城市所没有。再加上城市集市发达，环境开阔，如同无数的集市所组成。因此，宋人看到来自日本、朝鲜和东南亚来的商人在开封经商、居住的情形后，写道："曾观大海难为水，除却梁国总是村"。这种形容东京繁华，却也道出个"村"字。这样的古代城市，城区面积仅96平方公里，怎么可能"人口愈百万"呢？据笔者考证分析，宋代东京开封市区人口最多不过50万人而已。

 杭州

北宋太平兴国三年（978年），吴越国归顺宋朝。杭州原作为一个割据王朝的都城达72年。从978年便成为北宋一个州的州治所在地，并逐渐发展成为重要的对外贸易港口。端拱二年（989年），北宋在杭州城内设置对外贸易机构——市舶司。苏轼曾两次赴杭州任职。他的政绩是整修运河、疏浚西湖，对城市经济发展起到了重大推动作用。

北宋末年，中原沦陷，赵构即位于河南商丘，史称南宋之始。继之，他逃到江南，南宋建炎三年（1129年）逃到杭州，即州治为行宫。同年改杭州为临安府，至绍兴八年（1138年）正式定临安府城为行都。从此，临安成为南宋的政治、经济、文化中心，历时150年之久。

南宋临安继续发挥北宋时期形成的对外贸易港口功能，成为重要港口城市。

南宋时期，杭州是政治、经济、文化中心，也是都城，所以又成为宋金对峙时期逃亡南方的北方官员、文化人、手工业者、商人及民众的聚集之地。

南宋迁都临安,定为行都之时,就兴建南跨吴山,北起武林门,东靠钱塘江,西近西湖的大城。城池设门13座,城墙外有宽10余市尺的护城河。城中南北修建成御街,又称天街,即今中山路。天街全长13500余市尺,铺以石板。以天街为轴,把杭州分为两大城区,街两侧尽为店铺,市场活跃。南宋历经150多年,在杭州城内和西湖周围,建造了行宫御园、水阁别馆。宋代修造的杭州城华丽名贵又市场繁华,曾被当时的外国游客和商人称为世界上最名贵之城和最繁荣之市。

吴自牧《梦粱录》称南宋杭州"城内外不下数十万户,百十万口"。由此后代人认为南宋杭州城市人口上百万。其实,这是误解。吴自牧记载中言明:"城内外"三字,是指临安户口,而不单指杭州城内。有学者考证,南宋临安城区人口实际应为62万余人。这是比较接近实际的,而且这个推算结论仍然偏高。

 **泉 州**

南宋出于财政需要,比较重视泉州港口的发展。南宋时期南方经济社会的发展和海外贸易的活跃,成为泉州城市发展的基础。南宋时期是泉州城市快速发展的一个时期。

南宋泉州港口地位的提高,决定了泉州主要发展方向是向靠近海港口一带发展,史称"泉南"。南宋泉州城市两次扩建,先筑翼城;后因西南地方发展起来,又筑城垣将西南部围入城中。城区面积达到30平方华里，街坊80座，人口约50万。

宋代泉州与海外交通贸易发达，外国人增多，形成"蕃坊"。外国人在泉州居住，始于唐代。初时来泉州的多为贡使、传教士、旅行者，人数不多，居住时间不长。宋代外国人数大增，而且多数是商户，他们长期定居。其中阿拉伯人最多，另外还有印度、摩洛哥、意大利、越南、朝鲜等国家的人，最多时超过万人。他们多数居住在泉州城东南一带。因为他们的生活习惯、宗教信仰不同，形成各自相对集中的地段。其中，也夹杂居住着中国人。"蕃坊"是自然形成的，因此街坊不整齐。至今泉州仍有外国人的后代。

宋代泉州外贸及商业有了较大发展，其外贸收入达200万缗，是南宋王朝财政收入的主要来源之一，约占政府全年财政收入的1/20。泉州的外贸地位逐渐超过广州，故南宋王朝在泉州设专任市舶官吏。宋代泉州港口地位和作用居全国前列，泉州城市因港口而发展。

广州

北宋、南宋三百余年间，广州经济繁荣，海内外贸易发达。广州是在宋太祖开宝四年（971年），因宋灭南汉，而成为广州州治，又先后成为广南东路和都督节度等机构的设置地。因此，在北宋、南宋时期，广州是岭南地区的政治、经济、文化中心。

广州城垣基本轮廓形成于北宋。北宋庆历四年

（1044年）春，经略使魏瓘加筑子城；熙宁元年（1068年）经略使吕居简按古越城遗址修东城，与子城合一。熙宁五年（1072年）经略使师孟又筑西城。至此，广州形成为由东城、西城、中部子城三合一的城市，通称宋代"三城"。处于城市之中的珠江水陆码头的濠畔街是当时广州城最繁华的地段。

6 宁波

宋代宁波称明州、庆元府。它的港口贸易空前发展，城市也随之繁盛。

北宋时，杭州港湾沙滩漫延，阻碍泊船和登陆。而明州余姚江接运河，便于船舶停靠。于是日本和南洋各国来中国的使者和商人，经宁波改乘内河船舶者较多，宁波成为宋代重要港口城市。淳化三年（992年），设市舶司于明州，并发展为全国三大市舶司之一。"走遍天下，不如明州江厦"之说便产生于北宋年间。当时，江厦为明州市舶司所在地，是宁波的一条繁华街区。

南宋时，宁波更成为临安外港，港口贸易收入直接成为南宋政府一大利源。绍兴三年（1133年），设沿海制置司于明州；庆元二年（1196年）升明州为庆元府。南宋宁宗（1195～1224年）时，杭、温、秀、江阴四务（即市舶务）皆撤销，只余庆元一处。当时它不仅与朝鲜、日本有贸易往来，而且还有很多商船从明州起航往南洋航线。明州"海道辐辏"，南至闽广、南洋，北至高丽，东至日本，商船往来，物货丰衍，贸易繁盛。

宁波造船业在宋代已相当发达。宋代官营造船厂设在三江口和城北。真宗天禧年间（1017~1021年）曾造船177只；神宗元丰元年（1078年），曾在明州造万斛船两艘，供使节出使高丽使用。宋哲宗元祐年间（1086~1093年），按官营造船的定额是每年600艘之多。到南宋末年的开庆元年（1259年），庆元府造船数达7896艘。宁波造船业在宋代的发展，其经济和社会基础是宋代商品经济的发展，其直接动力是宋代航海业和对外贸易的发展。

宋代明州城有3次扩建。北宋元丰初年，在唐代明州城的基础上进行扩大和增筑，这是第一次。南宋宝庆二年重修明州城，这是第二次。宝祐年间（1253~1258年）改造和拓展明州城，这是第三次。经过3次大的城市建设，明州城市已是有50条以上主要街道、100余座桥梁的海港城市。当时的城市布局延续至今，仍是宁波老市区的基本布局特征。可见宋代宁波城市的规模布局、功能已发展到相当成熟的程度。

宋代其他城市和城镇也有很大的发展。宋代共有府30个，州254个，县1234个，共计1518个。这实际上也就是宋代城市和城镇的基本数量和体系轮廓。

 **两宋城市发展的方向、内容和特点**

宋代是中国农业文明时代经济社会发展的一个转

折点,最基本的标志是城市经济社会的变革和城市空间形态结构的变化。

第一,全国经济发展的重心逐渐从关中区域、中原区域向江南、岭南转移,向沿海地区转移。南方、岭南和沿海地区经济迅速发展,成为农业发达、城市繁荣、工商业崛起的地区。

第二,城市结构和城市功能发生了重要变化。宋代以前的城市,特别是都城,市场都建在特定城区的围墙内,称为"坊市",在空间上予以限制。同时,"坊市"门朝开晚闭,在时间上予以限制。城市其他功能区,也有坊墙,称之为"坊里"。这种"坊里"制在唐末和五代时开始被突破,但只限于局部。到了宋代,城市"坊里"、"坊市"空间布局形态结构从全局上开始崩溃瓦解。从后周柴荣的规划和开封建设,到宋以柴荣规划为基础继续建设开封,所形成的中国历史上著名的东京汴梁。这座城市的风貌如《清明上河图》所描绘的那样,其功能由沟通内外的陆路和水路来承担,市内则由主要路网和水系(四水贯都)来承担,工商业繁荣,有早市、夜市,集市和庙市。南宋的行都杭州,店铺临街而设,早市、夜市热闹非凡。还形成了相对集中的商业区,如米市、菜市、肉市、鲜鱼行、蟹行、布行、橘子团、鲞团等。临安府有一条著名的巷子就是行业商店聚居区,叫扇子巷。创始于扇子巷的一家扇庄,经世代相传,现在就是杭州五星记扇庄。这是宋代以前任何都城不曾有的现象。

第三,宋代沿海城市和对外贸易的发展也超过前代。由于广州、泉州、明州（宁波）、临安沿海城市的对外贸易规模扩大，城市繁盛，并成为国家政府的一大利源，宋代在上述沿海城市都设有市舶司。南宋时泉州已成为海上贸易的主要港口，从泉州出发的船可达日本、高丽、东南亚、阿拉伯诸国。一些国家的商人到达沿海城市的数量也越来越多，在沿海城市的外国商人定居者超过前代，形成一些定居区，称"蕃坊"。

第四，宋代城市各种市民文化娱乐场所也繁盛起来。城市中比较固定的文化娱乐演出场所称为"瓦子勾栏"。这种"瓦子勾栏"兴起于北宋开封，以后扩展到全国各地城市，甚至一些县城也有"勾栏"。南宋临安不仅市民文化娱乐活动更盛，而且仅据有半壁江山的南宋统治者，也过上了都市醉生梦死的腐败生活，时人留下的写照是："山外青山楼外楼，西湖歌舞几时休？暖风吹得游人醉，直把杭州作汴州。"

第五，宋代商业的发展，推动了货币的发展，货币种类增多，既有各种金属货币（金、银、铜、铁币），又有纸币（南宋开始发行纸币"会子"）。在临安府专门设立"行在会子库"，作为货币发放兑换机构。

八　辽金西夏城市

辽、金、西夏王朝与北、南宋王朝相对峙，是在中国历史上产生过重大影响的北方游牧民族建立的王朝。这几个王朝是由契丹族建立的辽国，由党项族建立的西夏国，由女真族建立的金国。辽、金、西夏三国城市及其发展历史，在中国城市史上占有一定地位。

辽代城市

辽的前身是契丹国。辽王朝实行道、州、县三级行政区划制度，在道、州、县治所建城。辽王朝实行五京制，上京为首都，其余四京为陪都。五京为上、中、东、南、西。因为上为北，实际就是东、西、南、北、中五京。

上京临潢府在今内蒙古巴林左旗县。上京分为两城：北城为皇城，南城为汉城。北城由大内和皇城构成。大内是宫殿区，皇城内有官衙和寺院，有官营手工业和仓库。皇城内以南北中轴线为中心大道，分皇城为东西两区。汉城在皇城之南。所谓汉城，实际上居住着大批掳掠来的汉人,既从事城市建设,又从事冶铁、纺织、制陶手工业,城内有市场,商业相对发达。这是游牧民族吸收汉文化的一个典型。

中京大定府城,在今内蒙古宁城县。始建于辽圣宗统和二十五年(1007年),此后又连续增建与扩建,费时达数十年之久,终于建成皇城、内城、外城三重城。它的功能主要有两个:一是作为上京的陪都,二是中京道治所。城内道路以南北与东西为主,主次道路分明,有中轴线。城区功能分区清楚:宫殿、官署、庙宇、市坊和居住区都有规划。这是一座按照事先规划、井然有序地建设起来的城市。

上京与中京都属于在草原上平地起城,辽代新建的城市,一为都城,二为陪都。原是逐水草而居的游牧民族,以居住帐篷为世代生活方式。辽建国后,实际是学习汉文化,并以俘虏的汉人来建造都城。

辽代的东京、南京和西京就不是上京和中京那种情况了。东京辽阳府城,原是辽阳故城,这是一座历史悠久的古城。唐代为安东都护府府治所在地,辽代只是在原城基础上再建。南京幽州都府城,唐代为幽州府治,辽代也是在原来基础上扩建。西京大同府,府治平城,是在北魏平阳城基础上进行修复的,城市布局都是沿袭原有城市的布局。由于东京、南京、西京的地理区位在发达农业区,交通相对方便,其商业都比较发达,是辽代工商业功能比较突出的城市,反映了北方少数民族与汉族之间的经济文化交流从未间断,而且以不可阻挡之势发展着。这是这些城市经济、文化繁荣的重要原因之一。

辽代五京是辽代城市的典型代表。

 西夏城市

十六国时期，当时镇守安北的将军赫连勃勃是党项羌族人，他在陕西北部建立的大夏国政权，为十六国之一。到宋代，与宋王朝对立的西夏王朝，就是原先建都银川的大夏国。党项羌族于北宋天禧四年（1020年）从西平府（今宁夏灵武县）迁都于怀远建城，改怀远为兴州。1032年，李元昊称帝建西夏王朝，改兴州为兴庆府，为西夏王朝都城。

兴庆府城是西夏的最大城市，这座城延续至今，就是现在的银川。它在汉代是管理屯田事业的典型农城，汉人俗称此城为"吕城"；匈奴等少数民族称此城为"饮汗城"。十六国时期，大夏将典农城（饮汗城）建为王家园林，称"丽子园"。唐代，银川城市已较繁荣，时人颂之"贺兰山下果园城，塞北江南旧有名"。1038年成为西夏王朝国都时，这已不仅仅是一座边塞小城市，而是作西夏王朝的国都。而西夏王朝所控制的地区包括宁夏、陕西、甘肃西北部、青海东北部、内蒙古部分地区，与宋王朝和金朝并存。兴庆府城就成为西夏王国控制区的政治、军事、经济、文化中心。

兴庆府城规模。城周18里，城内道路纵横9条，城门6座，人口20万。城内外有大量建筑物。但"民居皆土屋"，只有官吏住室才覆盖瓦，宫殿建筑宏大豪

华。城外建造大规模的离宫、寺院、帝王陵。"贺兰山离宫,逶迤数里,"是对当时兴庆府规模与建筑的形象描绘。

兴庆府城手工业发达,富有民族和地方特色,如兵器制造、毛织和皮革业都闻名于世。以白骆驼毛制作的驼毛白毡很华贵。兴庆府又是一座商业城,既是西北地区商业中心城市,又是与中原、辽国商品贸易交往的中心之一,还是中国历史上著名的国内外交往通商要道。兴庆府也是文化中心城市,西夏王朝创造了西夏文字,翻译汉文著作和佛经的工作都在兴庆府城进行。故兴庆府城内设有西夏文化传授机构,称为"蕃学",还有汉学、天文、历法、印刷、医疗等机构,反映出西夏经济、文化达到一定的水平。

3 金代城市

(1)金上京会府是金朝前期都城。这是游牧民族立国初期的都城。因此,它与当时中原、江南地区统一的和割据的历代都城不同。尽管这座都城模仿汴都形式,建有皇城、廓城。但是,它的实际功能一是军事堡垒,二是政教基地。城内人口曾经达到 3 万余户,在 21.5 华里的外廓城墙外,建有 82 座军事防御壁垒,军事堡垒性质、功能、地位十分突出。女真人信佛,北城名皇城,多建衙署,而作为生活区为主的南城,又多建佛教寺庙,其中的储庆寺、光林寺最为著名。把皇城与庙城的功能加在一起,就是政教功能。至于城中的手工业,那显然是为官府服务的。

上京,既不是自然形成和发展起来的城市,也不是因为一般的政治、文化需要建立的城市,而是军事立国初期的游牧国家的军事堡垒、政教中心。

(2)中都大兴府城。海陵王完颜亮于天德三年(1151年)颁布《议迁都燕山诏》,仿汴京城市和建筑图样,开始了对中都的规划和建设。所建金中都由两套方城组成,周边约33.2华里(东西宽3800米,南北长4500米),每边三门。完颜亮于天德五年(1153年)迁都,改南京为中都。这是北京城区正式成为一个王朝都城之始(此后才有元、明、清三代都城),它是北京城市史上的一个新纪元。

金中都所在地即今日北京宣武区的大部分,而今北京的北海及中南海一带当时已建成湖山宫殿园林区。城内御街为城市南北中轴线。中都遵循"匠人营国","旁三门","前朝后市"之制,在皇城之北设市场,市场繁华。金中都手工业、商业虽比较繁荣,但仅将北方运河短距离修浚,目的是搜刮各地漕粮,没有大的作为。中都虽然有国内外商人经商,但其经济文化的发展程度并不能与北宋时期的开封相提并论。

(3)金代南京。1127年,金灭北宋后,逐步把统治中心南移,称汴京为南京。正隆三年(1158年),金营建南京。金代南京建设,一反自周世宗柴荣以来至宋代的开封建设方向,把原来按规划,重视城市设施、城市功能和城市环境建设,城市对外开放型的建设方向,包括城市交通、手工业、商业功能的发展方向，改为单纯追求宫城及宫殿建设的方向。因此，金南京的皇宫比宋时大了近一倍，周围9华里有余。"宫殿之饰，遍敷黄金而后间以五采，金屑飞定如落雪。"同时，对城垣建设也尽其所能，因而"城楼雄伟，楼橹壕堑壮且整"。但是，内城市肆萧条，外廓城荒芜，甚至已犁田种禾，人烟稀疏，手工业、商业破败无生气。这反映出金代城市经济文化并没有进步到中原水平，而是集中地反映出当时统治的腐败和军事掠夺至上的治国之策。正因为如此，金国对北方交通和水利一任荒疏。结果，金明昌五年（1194年），黄河在开封一带决口并改道南流，破坏了原有水系，开封赖以繁盛的农田水利和航运交通受到严重破坏，从此开封城走向衰落。

　　金一代虽历经一百余年，然而中国北方广大地区的经济，一则遭受战争破坏，二则国家没有从事水利和交通建设的重大举措，虽在宋金对峙时期北方经济社会有所恢复，一些府州、县城手工业、商业有些复苏，但从整体状况来看，金代比南宋城市的经济、文化相对落后。

九　元代城市

元朝统治者是蒙古族，建国之始并不认识农业的重要性，当初甚至有改农田为牧场之议，但因考虑银粮为立国之需，才重视农业。元代农业、手工业技术有所提高，但整体发展速度缓慢，只有种棉和纺织技术推广超过前代。元代全国总人口最多时为 8000 万人。

元代经济社会发展的突出成就是：交通运输超越前代；南北运河全线开通；国内近海航线开辟；陆路交通方面，通称站赤制度，在蒙古地为站赤，在汉地为驿站，一直到西藏，全面设置，东西南北，脉络相通。元代海外贸易超过宋代，中国商人所到达亚非沿海国家和地区达 67 个之多。外国商人到中国来的数量增多，经济文化交流程度也空前加强，元朝与亚、非、欧国家均有经济、文化交往。印刷术、火药武器制造技术发展迅速，以元曲为代表的中国古典文学艺术达到一个高峰。阿拉伯、波斯的天文、医学新成就传入中国。

元代是一个比较开放的时代，全国最大的城市也就是全国最大的商业城市，北方是大都，南方是杭州，最繁华的港口城市是泉州。

 元大都

元大都是个开放城市，故获得西方人的一个俗称"汗八里"，即汗城。元大都城周57华里，城内共50坊，10万户，市集30多处，钟鼓楼是全市商业活动中心。

（1）元大都的规划与设计。元大都并没有沿袭金中都城的位置，而是营建于金中都的东北郊，由元世祖建立元朝封建体制的谋士、汉人学者刘秉忠规划设计。城市形制为三套方城，分外城、皇城及宫城。外城呈长方形，东西宽6635米，南北长7400米，周长57.4华里。皇城周20华里。宫城为最里一层，在整个大都的中轴线上。其都城形象完全不囿于蒙古汗国传统，而是中原封建王朝沿尊的儒家"居中不偏"、"不正不威"、"至高无上"的皇权象征。这是用都城布局、功能、建筑环境烘托的皇权象征。

中国城市史延续到宋代，城市形态及其功能都已经发生重大变化，特别是开封的规划建设，已突破只重视城市的政治中心功能，而开始全面重视城市交通、设施、居民生活、商业活动需要。元代，本应沿着这一方向发展，但因为元代统治者是蒙古游牧民族，他们固有的社会生产和生活方式局限了他们的眼光，他们灭掉南宋，也局限了他们对宋代经济社会发展的认识，更局限了他们所利用的汉族文人的认识，他们只

能向宋代以前的中国历史和文化去寻找典式。元世祖所崇敬的是唐代文化,利用汉族文人,再一次把北京城的规划建设完全拉回到"匠人营国,方九里、旁三门、国中九经九纬、经涂九轨","左祖右社,前朝后市"的模式中去。由此而使明、清北京延续下去。若抛开城市建设本身而论及城市历史和社会经济的发展,元大都的规划、建设是中国历史的一大曲折!

由于北京的区位优势,南北大运河和海上交通的发展,以及经济重心的南移和沿海地区的发展,又在客观上促进了北京的发展,为元大都从此取代长安、洛阳、开封等古都地位,成为中国统一的多民族国家的政治中心提供了经济社会基础。总之,对元大都的历史认识,不能仅看到其规划设计的一流水平,而无视元代都城发展所反映出来的历史曲折。

(2)元大都的经济社会生活。元大都的经济社会生活取决于如下因素。

第一,取决于国家性质。元朝是一个多民族国家,元朝统治的实质是蒙古贵族及其他各族封建主对各族劳动人民的分级压迫。它以蒙古族为国族,将国内民族分作4等:蒙古人、色目人、汉人、南人,实行严重的民族压迫。

第二,取决于其封建国家体制。元朝建立的是封建中央集权的封建体制。具体设计这一体制者,是经元世祖指定的汉人刘秉忠和许衡,由他们考定前代典式,在中央设立中书省、枢密院、御史台,分管政、军、监察职事,长官分别为左右丞相、知枢密事、御史大夫等。

第三，取决于行政制度。作为国家都城，它的发展在很大程度上取决于行政制度，这一点在元代很突出，因为元代规定，大都和它所在地区为"腹里"。具体行政管理制度是：元朝首创行中书省制度。在中央设置中书省，作为全国最高行政机构，大都和它所邻近地区划归中书省直接管辖，称为"腹里"。"腹里"之外是10个行中书省：岭北、辽阳、河南、陕西、四川、甘肃、云南、江浙、江西和湖广等。行中书省为皇帝派出机构。地方行政分行省、路、府、州、县5级。由此可知"腹里"地位很高，在经济和建设方面可以得到国家保证。

第四，取决于元代交通。元朝疆域大于以往任何朝代，北面越过阴山，西面到达大沙漠尽头，东至辽东，南至南海，西南到达西藏。元代把沟通全国的站赤制度推行到国力所及的一切地方，西南一直到西藏的萨迦。蒙古境内称站赤，属通政院；汉地称驿站，西藏也称驿站，属兵部。以大都为核心，全国范围内共修驿站1300多处，并有水、陆、海站等。

在上述基本因素保证下，元大都的经济社会生活最基本的保证是来自全国。

大都所用粮食是经运河河运和海运运来。海运最多时年达352万石，河运年达500万石。

大都官营手工业工匠征役于全国各地，并迁入10万工匠于大都，建立70多个局院，设置众多生产作坊。在燕南、燕北聚集冶铁工匠3万多人，年课铁

1600余万市斤。

大都城内设有"三百六十行"商业服务业,并设专门集市30余处。

大都及其附近地区作为"腹里","腹里"主要由大都和周围约200座大小不等城镇组成,其中张家湾就是有名的大都运粮码头城。南北大运河的开通,大宗的粮、盐、绸缎、棉布、陶瓷器、海外物货等大多经张家湾进入大都。元代与海外有贸易关系的国家和地区达140多个。陆路主要是沿着古丝绸之路,由商队进入中亚、西亚。元大都就有来自中亚、西亚的商人。居住在元大都的蒙古贵族、官吏、色目人、寺院僧侣等都经商赚钱,他们依仗权势,与民间商人争利。官商则对金银铜铁、盐茶等商品实行垄断专利。

元代实行统一纸币,其中,"中统元宝钞"、"至元宝钞"流通时间较长。元代纸币作为唯一合法通货,标志纸币在元代发展到一个新阶段。纸币的通行,也为元大都商业发展提供了条件。元大都是一座国内外商业中心城市。

杭州

元世祖至元十三年(1276年),右丞相伯颜率军攻陷临安,改临安为杭州路。杭州设为江浙行中书省省会,管30路、1府、2州,包括今浙江、福建两省,以及江苏、安徽的江南部分和江西湖东部分。

从至元十三年到元惠宗至正元年(1276~1341

年）的65年间，杭州大致保持了南宋时的盛况，手工业和商业都比较发达。但是，由于从南宋都城降到行中书省城，原来的城市规模、建筑物等都可满足需要，加上政治中心北移，杭州城市没有扩建；又因杭州海湾沙滩漫延扩大，钱塘江口又堆积大量泥沙，航道淤浅，元代杭州的港口城市功能没能得到新的发展，而且逐渐被宁波港所取代。

但杭州城市依然保持了它的兴旺和美丽。意大利人马可·波罗到达杭州时，他见到杭州城市建筑以及三面云山一面城的西湖，认为杭州是当时"世界上最美丽华贵之城"，"人处其中，自信为置身天堂"。马可·波罗还说：杭州手工业有12种行业，城内又有10个大型市场，有定期集市。工商业发达。继马可·波罗之后，又有意大利人奥代理谷到达杭州，他写的《游记》中说："全城周围约一百哩，城中到处人满，无些须之隙地。"

但到至正元年后，杭州开始走向衰落。陶宗仪《南村辍耕录》记载："四月十九日，杭州灾毁官民房屋、公廨、寺观一万五千七百五十五间，烧死七十四人。明年壬午四月一日又灾，自古所未有也。数百年浩繁之地，日渐凋蔽，实基于此。"

3 泉州

元代泉州成为东方第一大港。元代，泉州在中国所有港口城市中排序第一。泉州是最典型的以港兴市的城市。元代泉州城市在南宋时期原有基础上迅速扩大，主要是沿着港口贸易方向迅速扩展，由南门街向南延伸到晋江边。泉南地区是元代泉州城市最繁华的地区，也是外国人集中侨居区。元代，是泉州海外交通发展史上的黄金时代，它与埃及亚历山大港并称为"世界最大的贸易港"。泉州与亚非近百个国家和地区有通商往来。从泉州运出瓷器、丝织品、茶叶、铜铁器等，从海外输入香料、药材、金银、珠贝等。时人见到元代泉州后渚港，"大海船百艘，小者无数"。来自海外异域富商巨贾，在泉州建房宅留居者很多。

泉州名胜古迹很多，其中不乏留下了元代泉州城市繁盛的历史足迹。如清净寺坐落于涂门街，它仿照叙利亚大马士革伊斯兰教礼拜堂的形式而建，据现存古阿拉伯文石碑记载，始建于北宋大中祥符二年（1009年），元至大二年（1309年）耶路撒冷人阿哈玛重修，至正十年（1350年）又重修。这反映出当时泉州与国外联系的密切，也反映了元代泉州的繁盛。

上海

元代海上贸易崛起，沿海涌现出新兴城镇。其中上海是一个典型。上海镇在南宋属秀州（嘉州）。元在上海镇设置市舶司，并设县，人口渐繁，成为新兴的商埠。元置上海县县治就是今上海旧城，当时巨贾富商不断涌现。元置上海县辖境较大，包括今青浦、南汇、川沙3县，南北48华里，东西达百里。

5 一般行政中心城市与沿海城市的普遍发展

元大都和附近地方为"腹里",归元中书省直接管辖。"腹里"所包括的大都附近地方,其实范围很广,包括内蒙古、河北、山东、山西等地。诚然,在研究元大都发展时,"腹里"概念的城市范围应指大都周围城市。

元朝行省下设路、府、州、县,为5级行政体制。元代设路185个,府33个,州59个,县1127个。省、路、府、州、县治所,基本上都是历代形成的城市和县城,又是元代水路、陆路站赤、驿站之地,交通发展,经济发达,文化昌炽。历史比较悠久的城市有开封、太原、西安、成都、重庆、昆明、武昌、长沙、广州、福州、杭州、扬州、宁波、合肥、南宁、南京、南昌等。这些城市在元代90多年的历史中,都有所发展。

元代城市发展显示出新兴姿态者,主要是南北大运河沿岸和沿海地区的城市。天津就是从元代起因运河和海上漕运兴盛、商业繁荣而崛起的城市。淮安是因运河漕运而发展的又一座城市。淮安地处徐州、扬州、盐城中心地带,为湘、鄂、赣、浙、苏等诸省漕运北上的咽喉,经济繁荣,街市繁华,而且是元朝的军事要镇,曾设重臣于此地。元朝大臣董博霄说:"淮安南北嚛喉,江浙要冲,其址一失,两淮皆未易保。

今岁漕运数百万，咸取道于淮安，哽咽或生，则京师有立槁之虑。"淮安，东晋时有山阳故城，元代曾在山阳故城北1华里外建北辰镇新城。元末张士诚割据江淮，又在此新城基础上改筑，建成周长7华里多的城池。有元一代，淮安漕运繁忙，过境舟楫多，成为南北商品集散地。运河沿线城市除了天津和淮安是在元代建设了新城区的城市外，元大都附近的张家湾，山东的德州、临清、东昌、济宁，江苏的扬州等城市都开始兴旺。在沿海因海运兴起的城市，除天津、上海外，泉州和宁波都在元代获得新的发展。泉州已如前述。宁波在元代为庆元路，治所设在鄞县，庆元为元代三大市舶司之一，后又将杭州、温州、澉浦、上海市舶业务并入庆元。庆元与日本、越南、高丽、菲律宾、柬埔寨有贸易往来。至元十六年，有日本商船4艘载商客2000余人来庆元互市，足以证明庆元在元代港口贸易的规模是比较可观的。

概而言之，元代中国城市的发展，既有蒙古游牧民族军事征服的特点，也有都城规划中开倒车的现象。但是，这些并没能阻止历史的前进。总的情况是，宋代以来中国城市开放性和工商业经济发展，虽然没有达到改变农业文明基础的地步，但城市商品经济已具备一定的规模和相应的水平。正是在这样的基础上，加上元代水陆交通的进一步发达，中国城市发展还是出现了新气象，即沿交通要道有新兴城市出现，特别是南方和沿海地区出现了新兴城市。

十　明代城市

 明代城市发展的经济社会背景

明朝建于 1368 年，至 1644 年灭亡，共 276 年。在这 276 年中，中国经济社会发生了重大变化。

（1）传统农业有了突破性发展，农业生产工具和生产技术大有进步，镰刀、风车、筒车普遍使用；耖荡、水转翻车发明出来。农作物品种增加，粮食生产单位面积产量提高。更重要的是经济作物诸如桑、棉、茶、蔗、果树、染料、油料等广泛种植。在此基础上形成了传统农业的突破性发展——出现了经济作物生产的地域性的社会分工，桑蚕区、产棉区、产茶区、产蔗区、果树种植区、油料生产区等都开始出现。

（2）手工业从传统农业中分离出来，为封建社会内部商品经济的发展和繁荣创造了条件。诸如纺织工具（花机、腰机、轧棉工具、搅车等）和纺织技术进步，产品更新；制陶工艺达到相当高的水平，江西景德镇瓷器已驰名中外；造纸业空前发达，印刷工艺技术很高。

（3）明政府实行一条鞭法改徭役为以银代役；废除匠班制（工匠的轮班制），改由政府雇人充役。这一改革对商品经济的发展起到了推动作用。

（4）在手工业中出现两极分化，诸如纺织业、采矿业、制瓷业等行业中，业主竞争和雇佣制都已初步形成，由此促进了资本主义萌芽的发生。

（5）传统的中国科学技术发展到一个新阶段，包括农业生产、科学技术、手工业生产技术、地理学、砖石建筑技术，以及航海技术等，都有重大发展，其中航海技术的发展以郑和7次下西洋的辉煌成就为典型代表。与此同时，西方科学文化技术传入，利玛窦与汤若望将世界算学、天文地理、地图知识等介绍到中国。

（6）具有鲜明封建叛逆者的思想家李贽及其《藏书》、《焚书》和揭露封建恶势力及反映资本主义萌芽时期市民生活的《金瓶梅》等作品问世等。

总之，明代是中国农业生产领域出现地域性社会分工和手工业中出现两极分化、雇佣关系等资本主义萌芽，以及手工业与传统农业分离，科学技术发展，城市商业繁荣，市民社会生活初步形成的时期。它导致中国城市进入了区域发展、商品经济在城市经济社会生活中占据重要地位的新阶段。从城市自身变化的基本特征而言，有如下两点：一是城市工商业发达，出现了以手工业为主导功能，或者以商业为主导功能的工商业城市。二是工商业发展的初期阶段，特别是资本主义萌芽和初期发展阶段，随着工商业的集中，人口的聚集，并带来初期的经济聚集效益。因此，明代出现了较大的一批城市，其经济功能为中国历史上前所未有。这些较大的城市主要集中在两京地区及江苏、浙江、福建、广东诸省。

 **明代城市的发展**

（1）南京城的修建。朱元璋称帝于应天府，在应天府建都。后考虑应天府偏于东南一隅，不利管理北方，准备迁都开封，于是称开封为北京，应天府为南京，南京一名由此产生。洪武十一年（1378年）开封府罢称北京，又改南京为京师。明朝在南京建都时间为53年。

南京立都，建城就被摆上日程。于元至正二十六年（1366年）开始建京城，至洪武十九年（1386年），前后用21年时间，基本建设成由皇城、应天府城、外城三重构成的南京城。

南京城的建设，因山就水，因地制宜。城池依河流、湖泊、山丘等地形，立足防御，修建成的南京城池呈不规则形。城池范围东连锺山，西踞石头，南阻秦淮，北带后湖，城周长67华里。据城市学家考证，比当时号称世界第一大城的巴黎城墙周长还长8华里多，是中国历史上最大的城池。若以外城而论，当时的南京城就更大，外城是利用天然土坡筑建而成，周长达180华里，北达江边，东包锺山，南过聚宝山（今雨花台）。依险要地段筑有城门16座。因为外城所及范围之大，把当时的一些村庄和耕地都包括在外城之内了。因此，史书中一般所指南京城为周长67华里的应天府城。

砖石建筑是明代南京城的特色，这也是砖石建筑在明代普遍推广之始。城墙修筑，以巨石为城基，上砌规格完全统一的大城砖。砖缝间灌以石灰、桐油、糯米汁搅拌而成的黏合剂。应天府城四周筑13座城门。其中以聚宝门（今中华门）最为壮观。城头上可容双马并肩奔驰，4道拱门楼围筑成三道瓮城（又称月城）。城门上下筑有27个藏兵洞，可屯兵数千。城门东西两侧，各筑一条可以登城的斜行驰道。遇警，兵士可由藏兵洞跃出，跨马奔上城头迎敌。整个中华门面积达1.5万平方米，是我国最大的城门。

明代南京城市场繁荣。南京"北跨中原，瓜连数省，五方辐凑，万国灌输"，"天下南北商贾争赴"。南京的商业靠其都城地位、交通方便和城内消费阶层的庞大，在南京麇集了大批贵族、官吏、地主以及为统治阶级服务的工匠、仆役、军队等商品消费人口，城内"浮惰者多，劬勤者少，衣丝蹑缟者多，布服菲屦者少，以是薪餐而下，百物皆仰给于空室"。甚至连明太祖也要关注商品货物的储备问题。此后，南京的大宗商品仓储设施和服务机构日益增多。由于商品经济的发展，南京市场十分繁荣。《儒林外史》中说：南京"城里几十条大街，几百条小巷，都人烟稠集，金粉楼台"。南京城内设立13个市场，铺行在明代正德年间就有104种之多。城里庙市也很发达，而且不断增加，到万历时新增的市集就达14个。其中最有名的庙市为夫子庙市。

明代南京手工业。南京丝织业、制陶业、建筑业、印刷业和造船业规模大，技术高。建造南京的各种工匠很多，特别是建筑世界最大的城市，宫殿、官署、寺庙等，建筑材料需求多，相传民间有72座大窑，其中有琉璃窑。织造业相当发达，明初匠户达4.5万户，以生产锦缎著名。因为南京印刷业发达，李时珍的《本草纲目》首先是在南京印刷出版的。南京造船业十分发达，有龙江宝船厂（在今下关三汊河附近），明初郑和下西洋的大船建造于此。李东阳有诗："南京马船大如屋，一舸能容三百斛，高帆得势疾若风，咫尺波涛万牛足。"

（2）北京城的修建。朱元璋建都南京的同时，派大将军徐达北征，攻占大都后改名北平府。朱元璋将四子朱棣封于北平，称燕王。建文元年（1399年）朱棣以"靖难"之名起兵，并于建文四年攻下南京称帝，是为永乐皇帝，即明成祖。永乐元年（1403年）正月，升北平为北京，改北平府为顺天府，称为行在。北京之名始于此。明代北京城市建设突出表现在三个方面。

第一，变更元代大都城区范围。明初将元大都北城墙南移5华里，开安定、德胜两城门。永乐十七年（1419年），将大都南移2华里，开宣武、正阳、崇文3门。嘉靖三十二年（1553年）筑建外城，将天坛、先农坛包围在城内，形成为由外城、内城（相当于元大都外城）、皇城、宫城四重城垣组成的城市。

81

第二，改筑砖城墙。元代大都城墙为土筑，明代将土城墙改筑为砖城墙。

第三，兴建宫殿。明初，元代宫殿被拆毁除掉。今故宫中的太和殿、中和殿、保和殿三大殿，以及乾清、交泰、坤宁三宫，天安门、劳动人民文化宫、中山公园、天坛均为朱棣永乐年间修建。故宫的兴建，从明永乐四年（1406年）开始，当时征调全国著名工匠和民工、卫军达30多万人，连续施工15年，于永乐十八年（1420年）建成。

除宫殿之外，明代还有如下都城建筑：一是在元代以琼华岛（北海中心的山）为中心建成的帝禁苑基础上，在太液池（北海水域）北岸临水建筑5座亭子，合称五龙亭。二是北海中有一小岛，明代在岛周围用砖筑城墙，建成一城，曰团城。城高5米，面积约4500平方米。主要建筑是承光殿。三是永乐十八年（1420年）始建天坛，当时称天地坛。初建大祀殿，是座长方形单檐殿堂，为祭天地的场所。嘉靖九年（1530年）在北郊建成地坛，天地坛便改名天坛。随后，仿照古明堂遗制重修大祀殿，建成三重飞檐的圆形大殿。嘉靖九年又建成天坛中的皇穹宇、圜丘坛等。四是在西湖（今称颐和园昆明湖）畔把元代的园静寺和行宫改建为好山园。

明代除北京城内的建筑而外，又建筑了规模宏大的十三陵。

明代北京城市商业市场。北京作为明代二百多年的都城，城市规模日益扩大，人口众多。据《明实录》

载,成化五年(1469年)时,"京师居民不下数十百万"。达官贵人和兵士等消费人口日益增多,不断增加对商业市场的需求;明代农业和手工业在全国普遍得到发展,特别是商品生产明显扩大,商品供应量增加。有需有供,市场自然繁荣。这就是明代北京商业发达的社会经济基础。再加上海内外交通发达为条件,北京就成为海内商品聚集的中心。明代南北大运河畅通,这条运河南北长达1300多公里,每年有粮食500万石和其他商品北运。海运方面,江南可经海运至天津,转输北京。南方航运至南洋各地,国内外商路大通。明代虽然漕粮停止海运,但商业航运和国际航路更超过前代。所有这些都保证了北京城市市场的繁荣。

明代北京城市商业区不断扩大,并形成了同类商业相对集中在一定城区的格局。万历年间,北京已有米市、煤市、猪市、羊市、牛市、马市、果品市、缸瓦市等专业市场,并相对集中在一定市区,延续至今就是北京市一些现存的地名,如米市大街、磁器口、缸瓦市等。

明代北京又有许多有名的商号或手工作坊。"京市都城,旧日如勾栏胡同何阘门家布,前门桥陈内官家首饰,双塔市李家冠帽,江东米巷党家鞋,大栅栏宋家靴,双塔市越家薏酒,顺成门大街刘家冷淘面,本司院刘鹤家香,帝王庙街刁家丸药,皆著名一时,起家巨万。至抄手胡同辛家,专煮猪头。"

明代北京的市场分布与元大都不同。元大都商业中心偏北,在鼓楼一带。明代商业中心向南发展,除鼓楼外，在东西牌楼及内城南正阳门外形成了繁荣的商业区。

北京庙市、集市在明代有显著发展。北京城隍庙，"每逢集日，有市籍者，骆驿捆载，殷殷隆隆，万货川徙，充牣错峙"。城隍庙市，"东弼教坊，西逮廊庑，列肆三里"。其他如土地庙、护国寺、隆福寺、白塔寺、花市火神庙等，都有定期集市。当时全北京共有庙市31处。

庙市参加者主要是小手工业者、近郊农民和城市贫民，是城市固定行铺的必要补充。东华门外还有岁灯节为期10日，称灯市。

明代政府也设立为商品流通服务的机构。明太祖曾令在南京建贮商货的塌房。到永乐时，北京也仿效南京，在北京城设立官店、塌房。堆存商货的塌房之设，有利于商业，特别是大宗贸易的发展。

（3）江苏主要城市。明代在工商业发达的基础上出现了较大的城市，除两京之外，主要集中于江、浙、闽、广诸省。这些省较大的城市成为明代商品贸易中心和资本主义萌芽生长的地区。其中江苏的主要大城市是：苏州、松江、上海、常州、镇江、淮阴、仪征、徐州、无锡、扬州等。

苏州。明初，改平江路为苏州府，并重修苏州城。苏州是一座规划杰出、建筑独具特色的城市。它是明代的城市空间结构形态、城市功能和城市环境得到进一步建设和改善的代表。作为城市骨架的河道有三横四直，形成城市脉络，街道与之平行，形成棋盘式格局。联结干线之间的许多平行支巷是住宅区。由于川渠交织,桥梁特别多。其纵横干线岸边就是店铺和商业繁盛的街道。这些在明代以前就形成的城市功能、景观和环境,于明代则更加完善和繁华。

城内园林建筑也是在继承中有所发展。如拙政园,在苏州娄门内,是苏州四大古名园之一。初为唐代诗人陆龟蒙的住宅,元代为大宏寺。嘉靖初年御史王献臣弃官还乡,买下大宏寺寺产,改建成此园。其园名是从晋代潘岳《闲居赋》的"灌园鬻蔬,是亦拙者之为政也"中,取"拙政"二字为园名。整个明代苏州城的建设和发展,大致于"拙政"在明代的变化特点近似:一是继承和延续,二是有所改、有所建,得以发展和改善,使独具风格的古典园林建筑艺术更加引人入胜。

苏州城市是明代大城市之一,城市手工业、商业十分繁荣。城内"列巷通衢,华区锦肆,坊市棋列,桥梁栉比","货财所居,珍异所聚"。行业分工发展,竞争激烈。如苏州孙春阳南货铺,明万历之初还是一家小铺,但不久就发展成为大型专业性很强、设置机构明确分科、店规严密的商铺。据《履园丛话》记载孙春阳的南货铺:"其为铺也,如州县署,亦有六房:曰南北货房、海货房、腌腊房、酱货房、蜜饯房、蜡烛房。售者由柜上给钱,取一票,自往各房发货,而管总者掌其纲,一日一小结,一年一大结。""其店规之严,选制之精,合郡无有也。"这样的商铺,实际是一个较大型的自己从事大部分商品生产的手工业作坊,所以称"选制之精"也；同时又以商业活动为主。在商业之间，经商如对垒，竞争已有增长。

苏州手工业中的丝织业历史悠久，闻名于世。到明代，苏州丝织业更为发达，与江宁（今南京）、杭州并列为中国丝绸生产三大中心之一。三宝太监郑和由苏州浏家港（今浏河镇）出发下西洋，他所带的主要商品是丝织品、茶叶、瓷器、药材等，这些商品中的丝、绸、绫、缎等商品便主要是苏州所产。苏州浏家港作为郑和下西洋的出发地，加上苏州丝绸产品的吸引力，因此，各国商船往来通商的越来越多，苏州得到进一步发展。

明代后期，苏州出现劳力市场，资本主义萌芽已开始形成。据《苏州府志》记载：苏州城内丝织"工匠各有专能，匠有常主，计日受值，有他故则唤无主之匠代之，曰换找。无主者黎明立桥以待，缎工立花桥，纱工立广化寺桥。以车纺丝者曰车工，立濂溪坊，什佰为群，延颈而望，粥后散归。若机户工作减，则此辈衣食无所矣"。《明实录》记载：明代苏州织业工场手工业具有较大规模，"吴民生齿最繁，恒产绝少，家杼轴而户纂组，机户出资，机工出力，相依为命已矣。浮食奇民，朝不谋夕，得业则生，失业则死"。"染房罢而染工散者数千人，机房罢而织工散者又数千人，皆自食其力之良民也。"《西台漫记》记载：苏州"大户张机为生，小户趁织为活。每晨起，小户百数人，嗷嗷相聚立庙口，听大户呼织，日取分金为饔飧计。大户一日之机不织则束手。小户一日不就人织则腹枵，两者相资为生计矣"。

苏州又是人文荟萃的城市。明成化、弘治年间，在全国画坛中崛起一个吴门画派，其中代表人物是沈周（沈石田）、文璧（文徵明）、唐寅（唐伯虎）、仇英（仇十洲）等画家。万历年间，苏州又产生了文学家、戏曲家冯梦龙，"三言"（《喻世明言》、《警世通言》、《醒世恒言》）是他的代表作，对后世影响很大。

镇江。镇江历史悠久，经济发达。市区的"京口三山"——金山、焦山、北固山极为著名。金山为三山之首，山上金山寺为国内名刹，"水漫金山"的故事传播海内外；焦山"瘗鹤铭"保存价值极高，为中国"二铭"之一。北固山上的多景楼为"天下江山第一楼"。"何处望神州？满眼风光北固楼，千古兴亡多少事，悠悠，不尽长江滚滚流。"

明初，由镇江路改为江淮府，又改为镇江府，直隶京师管辖。镇江府下辖3县。

在镇江历史上其经济发展经历过3个时期，明代为其第二个发展时期中的辉煌阶段，它是明代长江和太湖流域、钱塘江流域的江南漕粮北运的必经港口。漕运对中国古代史上镇江的第二个发展时期作用很大，故又称明代为镇江发展的漕运时期。

扬州。明代扬州先后称淮海府、淮扬府、扬州府。明初，在宋大城西南角修起一部分，称为旧城。嘉靖三十五年（1556年），又在东边故基上扩建新城。新城、旧城相连接，东西北三面长8华里，城门7座。东南两面运河为城壕，北面新开壕与运河沟通，城市沿运河河畔发展。城市道路在明代已形成十字干道为主的方格网道路系统。运河一带因航运兴起成为商业中心，小东门、河水街繁华，饭店、旅店、茶楼、酒肆、货栈、码头等鳞次栉比。各地到扬州的商贾以及本地豪商巨贾居住在小东门、河水街一带。

上海。明代的上海进入它的童年。这并不是指上海地区的人类文明的起源和发展，而是指上海作为城市而言。它正式设县始于元代，因海运而兴起。上海筑城的历史距今也不过四百年。因此，上海城市的诞生并非因为中国传统农业文明，但也很难说它崛起于资本主义工业化。可以说上海崛起于传统农业文明走向资本主义萌芽的过渡阶段。上海在元代成为海上运输船只的集散地，至元十四年（1227年）元政府在上海置市舶司，上海成为商港，有了产业。乌泥泾（今上海县）人黄道婆从海南岛带来纺织技术和织造花布技术，上海及其附近松江一带成为国内手工棉纺织业中心。到明代，上海一带种棉业发达，织布成为农民的主要副业。加上黄浦江的疏浚，范家浜的凿通，交通更为方便。还有全国商品生产的发展，商品流通的活跃，雇佣关系的形成，资本主义萌芽的产生，使上海贸易日盛。

明代上海纺织业已开始生产出特色产品。据记载：上海县出产的标布，销路很广，"俱走秦、晋、京、边诸路"。还有一种产品，比标布稍狭而长，叫"中机"。"中机"在湖广、江西、两广诸路销路较好。随着上海纺织产品商品销路的扩大，上海县也成为农产品商品化的地区。在明代上海，棉花上市时，"每晨至午，小东门外为市，乡农负担求售者，肩相摩袂相接焉"。由于商业和纺织业的发展，以及海上贸易的发展，到明代末年，上海日趋繁盛，"谚号为小苏州，游贾之仰给于邑中者，无虑数十万人，特以俗尚甚奢，其民颇易为生尔"。据《弘治上海县志》记载：当时的上海"人物之盛，则赋之伙，盖可当江北数郡，蔚然为江南名邑"。概言之，明代的上海已逐渐发展成为具有相当规模的城市。

明代中叶，倭寇袭扰东南沿海。为防御倭寇，明朝廷设海防道于上海。明廷设海防道的第二年，始筑上海城廓，城周9华里，高8尺，开设东、南、西、北、小东、小南6门，城周开城壕。明代所建上海城廓范围，即今上海旧城（1912年折除上海城垣，旧城垣遗址在今人民路）。明代上海辖区南北90华里，东西160华里，面积达2000平方华里。

中国古代城市一般先有行政设置、筑城，而后逐步发展繁荣；而上海却是随着海运业的发展和商品经济的活跃，逐渐形成城，走向繁荣，而后建城廓，这是上海与封建时代其他城市的不同点之一。

江苏城镇的发展。明代的江苏城市发展已如上述城市可以为代表。在城市发展的同时，江苏工商市镇在明代也发展起来。江苏常熟的支塘镇、沙头市、福山镇、梅李镇等，因地处交通要道，都发展成为千户以上的市镇。江苏吴江县境内的震泽镇、平望镇、双扬市、严墓市、檀邱市都是在明代形成的市镇。明代弘治以前，吴江县只有3市、4镇；嘉靖时发展到10

市、4镇；万历时又发展到10市、7镇。其中盛泽镇最著名，但该镇在弘治时还是一个普通村落，到嘉靖四十年（1561年）已有居民百家。到明末，"镇上居民稠广……那市上两岸绸丝牙行约有千百家"。《醒世恒言》还记载：盛泽的施复夫妇家中开张䌷机，"几年间就增上三四张䌷机，家中颇颇饶裕"，"省吃俭用，昼夜营运，不上十年，就长有数千金家事，又买了左近一所大房屋居住，开起三四十张䌷机"。明代的松江在国内著名，松江府城内"东西2门，系商贾辐集之地"；"前明数百家布号，皆在松江、枫泾、洙泾乐业，而染房、踹房，商贾悉从元"。明代江苏新兴市镇皆工商业市镇。

（4）浙江主要城市。杭州。杭州为南宋都城临安，非常繁盛。元代后期开始衰落。元末，元军反扑占领杭州的红巾军，元兵"举火焚城，残伤殆尽"，杭州被破坏得不成样子。后张士诚割据浙西五郡，于至正十九年（1359年）重筑杭州城，城周35华里。至正二十六年（1366年），朱元璋派朱文忠统兵取杭州，从此杭州为明朝管辖。明代杭州城的基础就是张士诚重筑的杭州城。

明代杭州城从宋、元时的以政治中心功能为主转向以经济功能为主，成为江浙商品经济活跃的城市。这是明代杭州城市发展的基本特点。

浙江在江南商品经济发展中的地位与江苏省不相上下。明代浙江手工工场的形成和发展，首先见诸杭州。徐一夔《始丰稿》记载："余僦居钱塘之相安里，有饶有财者率居工以织，每夜至二鼓……且过其处，见老屋将压,杼机四五具,南北向列工十数人,手提足僦,皆苍然无神色。"他们"日佣为钱二百缗"。而技术高超过人的工人,要求"倍值者而为佣,已而他家果然倍值以佣之"。

杭州还是丝织商品的主要供应地。杭州为明代南北大运河的南端,这是后来称"京杭大运河"的原因。明代大运河的畅通超出历代。杭州丝绸经大运河运往京师和北方各地,十分畅销。故杭州有"习以工巧,衣被天下"之美誉,"茧丝锦苎所出,四方咸取给焉"。

杭州城市在元末遭到严重破坏。明代杭州以丝绸织造为主的手工工场商品生产比较发达,产品行销全国市场。但城市由破败到繁荣经历了很长的时间。到嘉靖初年,杭州仍然是"市井委苔有草深尺余者,城东西僻有狐兔为群者"。到万历年间,杭州城市才达到"民荫繁庶,物产浩穰","车毂击,人肩摩"。随着杭州城市的恢复繁荣,人口的增加,杭州所需要的粮米已开始从外地输入了。杭州既要到常熟籴粮米入杭城,又要籴入湖州的米。

宁波。宁波之名始于明代。宁波在元代称庆元,出于忌讳"庆元"二字有庆贺元朝之意,明朝将它改为明州,称明州府(宁波有四明山,宁波人自称四明人)。洪武十四年(1381年),又为避"明"国号讳,更换明州为宁波府。宁波之名的意义则与宁波海上运输业的发展有关,因宁波有定海,宁波一名乃取"海定而波宁"的意思。

明代宁波府管辖鄞县、镇海、慈溪、奉化、象山、宁海、定海等7邑。

明代宁波商业和海外贸易几起几落，但总的趋势是发展的，而且超过前代，并且于明天启、崇祯时期形成了著名的宁波商人集团，它对宁波经济社会的发展影响极为深远。

随着全国商品生产的发展和商业的活跃，宁波城市早在宋代就形成的江厦街商业闹市，明代更加繁盛。"走遍天下，不如宁波江厦"，在明代真正是名副其实了。明代宁波商人十分活跃，甚至有一部分地主开始投资于商业。根据宁波地方志记载：陈姓处廷，以及虞姓、李姓、丘姓、沈姓等，"皆鄞之著姓，先世力田桑，丰储广土，至处辈，益殖贵树农，富垺封君"。这些地主大户投资商业，赚钱后不投资手工业生产，而又去买地，反映了封建时代地主经商的目的及中国当时没有形成资本主义发展的社会土壤，所以出现"益殖贵树农，富垺封君"的现象。但不论如何，这也反映了明代宁波商业发展的广度。同时，地方志所记载也不是经商者的全部。

明代前期宁波的海外贸易亦曾获得发展，商人活跃。宁波地方官有如下描写："敝府在成化、弘治间并无通番者"。到正德末年，"始渐有之，然亦一二人可效"。但到嘉靖初年，通番者已"不可数计"，甚至"极远之物，皆能通之"（万表：《玩鹿亭稿》）。

嘉靖二年（1523年），宁波发生了日本宗设、瑞佐两商团互相残杀并抢掠杀害宁波沿海军民的"争贡事件"。这一事件的发生是日本封建主大内氏与细川氏的贡使在宁波发生冲突、残杀,并乘机大肆焚掠宁波,成为宁波历史上有名的"争贡三役"事件。此事件震动浙中,影响到明朝廷,嘉靖皇帝因此下令停止贸易,撤销宁波市舶司,闭关罢市,厉行海禁。但实行闭关政策后,武装走私很快泛滥起来,定海的双屿港成为走私根据地,居民仅3000人,日常商贩却达万人。海上走私的双桅、三桅大船"连樯往来"。在双屿海盗集团中,就有"鄞县人毛海峰、徐碧溪、徐光亮、叶宗满"等,一些走私商船"装载硝黄、丝绵等违禁诸物,抵日本、暹罗西洋诸国互市"。与此同时,倭寇勾结土豪奸商海盗,于宁波及东南沿海一带进行走私掠夺,十分猖獗。抗倭名将谭纶、戚继光、俞大猷等人平倭勘乱,宁波沿海才得以平静。

在明代海禁期间,更多的宁波商人转向内地贸易,并且逐步形成了商人集团。隆庆年间,宁波港再度开放,市舶司也恢复了。天启、崇祯时期,宁波商人到北京做生意的很多,还在北京建立了鄞县会馆。

在明代,尽管由于遭受倭寇焚掠,又因明朝廷厉行海禁,宁波城市发展受到挫折。但是,宁波一直是一座港口贸易繁荣的城市,并抚育出宁波商人集团。

(5)福建主要城市——福州。明洪武二年(1369年)设福建行中书省,治所设在福州城。洪武四年(1371年)在福州旧城基础上重筑福州城,城周10华里,门7座,水关4座,北面依山,东南有壕沟。洪武九年(1376年),取消行中书省制,设福建承宣布政使司,福州为福建省会。洪武二十一年(1388年),

又置福州3卫：福州卫、左卫、右卫。可见，明朝廷十分重视福州城的防卫。

福州港的复苏及开凿福州新港。宋、元时期因泉州港兴起，地位隆升至全国第一大港，福州港地位被取代。到明代时，泉州港因淤塞而走向废弃。福州港的地位与作用日渐重要，港口功能复苏，加上福州可直入福州台江，得福州城市贸易之依托。琉球是明代来福州的海道，此海道至福州比至泉州更为便利。因此，明成化十年（1474年）将市舶司从泉州迁至福州。明朝规定福州为中国与琉球贸易的重要港口，于是日本、南洋诸国商船多借琉球名义，或租用琉球船只运货到福州，福州港口贸易因此而兴旺。弘治元年（1488年），又开凿直渎新港，海船可从闽江口直抵福州台江新港码头。在新港一带，逐渐形成"华夷杂处，商贾云集"的局面。

福建在明代是商品生产较发达地区，福州市是贸易中心城市。一是福建种棉；二是福建出蔗，明代福建广为种植甘蔗，万历十五年（1587年）福建泽南一带漫山遍野都种植甘蔗；三是福建出麻织布，福建莆田麻布颇负盛名；四是福建出产的染料，数量多，质量好。"福建而南，蓝甲天下"（王世懋《闽部疏》）。然而福州却在丝织业生产中，依赖于江苏湖丝。这样的区域经济作物生产的差别，在地区间商品流通的条件下，就构成了以福州城市为交换市场基地，以福州港口沟通地区间商品联系渠道的局面。闽浙的商品经济流通，成为福州港口贸易兴旺的重要原因之一。

明代福建是商品经济发达地区之一，福州市又是港口城市，商贾辐辏。其中糖、麻布和作为红色染料的红花市场都很兴旺。

（6）广东城市——广州。第一，明代广州城市发展的经济社会基础。广东农业经济作物发展，在广东番禺、东莞、增城、阳春等县，甘蔗种植"连岗接阜，一望若芦苇"。粮食也成为商品外运，广东米自海私运入闽。广东丝织产品的质量已超过浙江丝织产品质量。但广东生产的绸缎"必吴蚕之丝所织，若本土之丝，则黯然无光"，粤纱"亦用吴丝，方得光华不褪色"（乾隆《广州府志》引《嘉靖广州府志》）。广东的麻织产品也行销外地，广东在外售蕉布和黄麻布的同时，又购进吴楚所产冬布。明代广东商业发达，不仅百姓做生意，官僚也做生意。

第二，明代广州是对外贸易和广货商品生产发达的城市。有一首描写明代广州盛况的《广州歌》："广州富庶天下闻，四时风气长如春"，"岗峨大舶映云日，贾客千家万家室"。有记载形容：广州"香珠犀象如山，花鸟如海，番吏轮辏，日费数千万金"。广州商业发展的程度，已涉及千家万户，"广州人家，大小俱有生意"。同时国内外商人来广州做生意的很多，"商贾聚集，兼有夷市，货物堆积，行人肩相击，虽小巷也喧嗔，固不减吴阊门，杭清河坊一带也"。广州的洋货与广货流通到全国各地。

第三，明代广州城的扩建。宋代广州经济繁荣，人口剧增，先后筑城，形成东城、西城、中部子城合一的著名的"三城"，形成广州城市基础轮廓。明洪武元年

(1368年)改元代的广州路为广州府,领1州15县,为广东布政使司治所。番禺、南海二县为附廓县。明代把宋代广州"三城"合为一城,两次扩建广州城。第一次于洪武十三年(1380年),以"三城"为基础,向东、向北扩大,包括今越秀山,直到白云山麓,"阜冈相连不断",称"老城"。第二次扩建是在嘉靖年间,城垣延伸到珠江江岸,将沿江繁华的新商业区纳入城中,称"新城"。

(7)新兴工商业城市——山东临清。临清是因南北大运河畅通,南北物资、文化交流和明代工商业的发展而形成的新兴工商业城市。明代以前临清无城亦无市。明洪武二年(1369年),由曹仁镇移县治于今临清城考棚纸马巷。洪武期间此地虽为县治所在地,但无城池。到永乐十三年(1415年),南北运河畅通,漕运发达,在"淮上、徐州、济宁、临清、德州,皆建仓转输"。于是临清会通河与卫河交汇之地,成为南北漕运转输中心之一。从洪武二年(1369年)建县治于临清到正统十四年(1449年),经过整整82年时间,才在临清建砖城。到成化十一年(1475年),"户部以游宦侨商,日渐繁衍,并令占籍",自是临清遂成为南北重镇。弘治二年(1489年),升县为州,领馆陶、邱县,仍属东昌府。在弘治、嘉靖年间,在砖城之外,汶、卫河的两岸又形成新的商业区,史称砖城外"贸易地"。这里的居民被称"城外之民"。嘉靖二十一年(1542年),巡抚曾铣得、邱文庄公奏书曰:"临清宜跨河为城。于是自城之乾方至巽方缘边墙拓而广之,延袤二十里,跨汶卫二水建新城,俗名玉带城",又称土城。因为土城是商业区,所以筑城之后,仍被称做"旧城西南贸易地"。相对于新城,史称原先的砖城为旧城。

临清新城居住的是商业人口,"临清南引徐淮,北迤德津,据要而中居之"。明代全国各地"设钞关榷商税者,凡七焉。清源(临清)其一"。明代运河上过往漕船每年达1.2万只以上,还有商船和其他船只南来北往,途径临清,使临清"商贾辐凑","市肆毂击",工商业发展,城市繁荣。临城内外,"商贩之夫,日益屯聚"。因此,明朝"户部以游宦桥商,日渐繁衍,并令占籍"。此后,游宦侨商在临清城外居住者,又逐年增加,并"不领于有司之版籍"。在汶卫二水两岸逐渐形成"游宦侨商"居住区。嘉靖年间的临清"游宦侨商"人口已达9000以上,到明朝末年为1.6万多人。

明代临清砖城为土城,即旧城与新城,二城合为一城后城周30华里。嘉靖年间全城人口2万多人,崇祯年间为2.3万多人。

明朝政府在临清"置三仓",设"钞关",由御史或户部主事"督收船料商税之课……大约岁至四万金"。临清是北方布匹绸店的主要批发中转地,明神宗万历年间,临清有缎店32座,布店73座,酒店和杂货店数处。由于商业活动频繁,商人增多,商业资本力量增强,出现了商业行帮。在临清,自成化二年(1466年),苏州、南翔、信义(昆山)三会合而为行会。行会还制定了自己的行规。

明代,封建政府对商业的掠夺,曾激起著名的临清反税监马堂的斗争,震动明王朝。这实际是以手工业者和商人为主体的"市民斗争"开始出现。明宣德四年（1429年）建临清钞关，主要是监收船料商税。嘉靖之后，明政府沿运河多设关卡；又于卫河广济桥东岸建验货厅，以免卫河商船调至关前查阅之苦。实际上沿途税使盘验抽罚，致使商人资本折尽，导致工商交困。马堂是万历年间的中官，任天津和临清税监，督税天津，兼辖临清税务。在临清，他招顾流氓、恶棍等亡命之徒数百人，在光天化日之下，公开抢掠工商业者财产，稍有违抗者，马堂就杀人斩首。市民忍无可忍，远近为之罢市，州民万余人纵火焚堂署，毙其党37人。以至后来发展到附近州民达30余万人参加斗争，声势浩大，并与全国反税监斗争遥相呼应，震动了明王朝。临清反税监斗争，是封建掠夺工商业者导致的，又反映了临清城市手工业、商业的发展，市民的兴起，城市的发展。

（8）长城沿线城镇——九边。中国的长城，自春秋、秦、汉迄明代，历代所筑长城东经赤峰、辽西直到辽东。向西，明代长城的烽火一直达到罗布泊。清朝建立后自然不会再修长城，它不会把自己的老家，也是它的大后方与自己的政治统治中心隔离开来。但是康熙作为一代开明的皇帝，依然把长城作为塞内与塞外中华民族共同的文明和骄傲的象征来看待。康熙皇帝留下了流传颇广、影响整个清代的一句话："留得胜迹壮山河"。在写明代长城沿线城市时，交代一下清代不再修长城，中国长城修到明代算是集大成了。

明代"九边"，东起鸭绿江，西至嘉峪关，设辽东

（今辽阳市）、宣府（今宣化县城镇）、大同、延绥（今榆林市）、宁夏（今银川市）、甘肃（今张掖市）、蓟州（今河北迁西）、太原、固原"九镇"，又称"九边"。这些边塞城镇在明代商品经济发展的环境条件下，并不仅仅是军事长官和精兵驻扎之地，而且成为边关互市贸易的重要场所，以"九边"之一的宣府（宣化府）为例，据记载：明代的宣府，仅纺织品的行铺就有南京罗缎铺、苏杭罗缎铺、潞州绸铺、泽州帕铺、临清帛铺等名称。明朝还在大同、宣府开设马市（互市商品以马为主）。在"九边"镇上，有塞内丝绸、茶叶、粮米，以及诸多日用生活必需品与塞外的牲畜、毛皮、土特产的边关互市，历久不衰，其数量和规模是相当可观的。

 明代商业城市发展的总体格局

到15世纪初叶，在商品经济发展的推动下，明代全国城市数量大大增加，仅工商业比较发达的城市就有30多个。这些城市是顺天（北京）、应天（南京）、镇江、苏州、松江、常州、扬州、仪征、杭州、嘉兴、湖州、福州、建宁、武昌、荆州、南昌、吉安、临江、清江、广州、开封、济南、济宁、德州、临清、桂林、太原、平阳、蒲州、成都、重庆、泸州等。明中叶以后，随着商品经济的进一步发展，又获得较大发展的城市，包括新兴城市有20多座，它们是淮安、岳阳、九江、西安、浒墅、遵化、芜湖、泉州、宁波、浮桥、

廉州、郑州、沙市、天津、阆中、保定、河间、宣化、潞安、洛阳、铅山、大同、衡阳、益都。

还有一些城市是在市镇基础上发展起来的。如明代全国著名的4大镇：河南的朱仙镇、湖广的汉口镇、江西的景德镇、广东的佛山镇。朱仙镇和汉口镇都是因处在交通要道的优越条件，而成为商品集散中心；景德镇和佛山镇是发达的手工业中心。在明代，这4大镇各自聚集的人口在10万人以上，已是名副其实的城市了。在传统的历史著作中虽然并不把上海列入明代商业城市，但上海真正开始崛起，并发展成为城市是在明代，因此本书特别把上海单独列出予以叙述。

十一 清代城市

 清代城市发展、演变的历史背景

从 1616 年努尔哈赤建立后金到清朝末代皇帝退位，总计 296 年。从 1644 年明王朝灭亡到清朝灭亡，总计 268 年。以 1840 年为界可分为前后两期。前期从顺治到道光，清朝经历了康熙、雍正、乾隆 3 朝，国势达到极盛。从乾隆晚期开始，由盛转衰，至道光年间的 1840 年，就发生大变化。清后期，1840～1911年，中国封建的自然经济逐渐半殖民地半封建化。清代的城市在清代前期与后期呈现出截然不同的发展与变迁。在 1840 年以前，因为康熙、雍正、乾隆时期的天下一统，农业生产技术的提高，精耕细作，水利灌溉，以及施肥的因地制宜，江南已大面积种植水稻，湖南、四川、江西、湖北成为主要产粮区；经济作物种植也得到普遍推广。浙江的杭、嘉、湖 3 府成为著名蚕桑之乡；江苏的苏州、松江、江宁（今南京）一带，广东的广州、顺德等地大面积植桑养蚕。商品化经济作物的发展，促使农贸市场出现，如上海地区棉

花市场的繁荣，导致市场上出现专人评估棉花质地，专人司称，讨价还价，热闹非凡的景象。清代手工业生产工具不断得到改进，如南京的织缎的纺机构造之复杂，已成为中国历史上手工业生产工具进步的一个新标志。到乾隆年间，中国矿产开采的规模不断扩大，拥有数万人的铜厂在云南出现。景德镇的瓷器工匠有几十万人，分别在二三百座瓷窑上做工。广东佛山等地的铁炉生产规模也很大。农业、手工业的发展，市场的活跃，推动了商业、金融业的发展，票号、当铺在全国许多城镇很兴旺，于是在一些繁华的大城市，如杭州、苏州、扬州、广州、江宁（南京）、佛山、北京等城市里，行商坐贾数万人，甚至数十万人活跃起来，百货繁盛。在手工工场里和采矿业中，业主雇工经营，"富者出资本以图利，贫者赖佣以度日"，以及作为家庭副业小商品生产的包买商等在全国各城市、矿业和农村集市上普遍出现，中国封建的自然经济中开始出现着资本主义萌芽，而且比明代大大地普遍起来。

在清代后期，即鸦片战争之后，帝国主义列强以武力强占和通过不平等条约的形式，占据中国的商埠，取得协定关税、海关管理、内地通商、内河航运、沿海贸易、原料掠夺、输出资本、垄断金融、倾销洋货、控制交通、强筑铁路、大办企业等特权，既冲击了中国的自然经济，也摧残了中国正在出现的资本主义萌芽。19世纪60～90年代，在中国又产生了官僚资本主义，在军火制造、造船、采矿、冶炼、运输、纺织等行业中出现了洋务企业，这些企业大都是官商合办或官督商办，封建统治者同时又是洋务企业的创办者。19世纪70年代产生了中国民族资本主义，民族实业兴起。清代科技发展，西学传入，社会矛盾、民族矛盾、阶级矛盾、新旧矛盾、变法维新等浪潮此起波伏，最后终于爆发了辛亥革命。清朝后期的中国城市也逐渐沦入半殖民地半封建状态。

 **清代城市的发展与变迁**

（1）广州。广东在明代商品生产已开始发达，到清代商品生产更加活跃。其表现：一是理蚕桑生产有新发展，南海更为突出，池塘居土地十之九，民间多在岸上种桑，池中养鱼。二是麻的生产也相当普遍。三是甘蔗种植在广东番禺、东莞、增城、阳春等地发展迅速，蔗田面积几乎与稻田相等。四是广东的果品生产在全国占重要地位，大量种植荔枝、龙眼、柑、橘等。

广州生产的粤纱、粤缎，天下闻名。棉纺织品也占一定比例。麻纺织品生产虽然不如丝棉规模大，但也比前代有很大发展。如渤阳各乡妇女勤织麻布，其细者价格倍纱罗。同时鹤山、新会的麻布，雷州、清罗、渤阳的葛布，高要、长乐的蕉布都闻名全国。麻布生产与棉、丝纺织品生产共同构成广东纺织商品生产的整体网络。广州制糖业相当发达。

清代广州成为一座发达的城市，工商人口日益增多，商品交易量增多，居民消费需要量增大。到鸦片战争前，广州市人口已达百万。广州以织造粤纱、粤缎著名，但广州的丝织生产就必须用吴蚕之丝而不能用土丝织造。这就促进了商品生产原料的南北交易。佛山铁的销路大增，供应全国。

在海运方面，粤东之海，东起潮州，西尽廉南，南尽琼崖，分3路，所在均有出海门户。广州港口更是帆樯鳞集，海运事业兴旺。在陆路方面：广东有连通江西、安徽、山东、河北的路线；连通湖南、湖北、河南、河北的路线和连通广西的路线等。水路交通成为广州商品流通的重要条件。

广州市不仅丝织业发达，而且手工业产品种类繁多，统称"广货"，供应全国各地。广州城市发展繁荣，主要是由于城市工商业发展，以及海上交通便利和海外贸易发达。

明末，广州是抗清据点，清军攻城时，破坏严重。清代随着商品经济发展，人口剧增。于是，城垣依明制修建一新，并于顺治三年（1646年）增建东、西翼城，俗称"鸡翼城"。清代前期城市人口达百万。

鸦片战争以后，随着商人资本经济力量的增强，商业行帮势力成为商人社会势力的代表。由于广州商业的发展，广州的商行成为清代中国商人社会势力的典型代表之一。清道光年间，广州有97行。诚然，广州商行并非始于鸦片战争之后，而是自明代广州已有13行商行，到清代更加发展。康熙二十四年（1685年），清政府在广州设置了我国最早的海关，即"粤海关"。在珠江岸边设"十三行"及招待外商的"夷馆",作为统一对外贸易的管理制度和设置。到鸦片战争后,广州十三行更成为巨额资本的控制者。广州商行之所以垄断了清代的对外贸易,是因为清朝政府的特许所造成。清朝统治者为控制对外贸易,实行公行制度,并指定广州少数牙行商人作为对外贸易中外商与国内贸易商人的中介商。广州成为清代进出口贸易的惟一口岸,行商实际上垄断了对外贸易经营权。广州行商总称"十三行"。十三行所拥有的对外贸易特殊权力,使它有可能积累巨额资本。至鸦片战争时仅一个叫伍启之的行商所积累的财产即达2600万块。商人势力增强和商人组织大批涌现,推动了商人反封建斗争。但封建特权商人是与封建统治势力勾结在一起的,因而不利于资本主义萌芽的生长。当然,广东行商也受封建政府盘剥。广东行商每年要代两广总督、广东巡抚和粤海关监督采办进贡的洋货,赔垫货价。从乾隆五十一年(1786年)起,行商每年向朝廷交纳"常贡",初为每年5.5万市两,后来增加到15万市两。而在外国势力侵入时,他们又很容易地充当侵略者的代理人,鸦片战争时的广州十三行商人首先在侵略势力面前屈膝投降,充当了他们的代理人。

广州的商行还在外地城市组织同籍人会馆,有多种行业。如北京仙城会馆是广州籍商人的组织,他们经营绫、罗、绸、缎、葛、麻、珠宝、玉器、香料、干鲜果品等。

广州籍在国内各城市的同籍商人行帮,是广州商业发展的一种反映，也推动了国内商业贸易的流通，在鸦片战争后这类商人势力仍在继续发展。而广州城市里的十三行则逐渐演变，主要作用仍然是推动对外贸易发展。十三行的巨大财力，对广州城市发展影响巨大，十三行街是广州最繁盛的市场之一。咸丰年间，广州十三行和"夷馆"等尽毁。清朝末年，京广铁路通车后，广州与我国中部、北部广大地区的联系更加密切，成为我国的"南大门"。

（2）上海。清代，上海已发展成为全国著名的商业城市之一，又是沿海重要的港口城市。上海在明代已成为具有一定规模的城市，但仍称上海县。上海的发展，首先取决于港口贸易发展。康熙二十三年（1684年），统一台湾。康熙二十四年（1685年），清廷诏弛海禁，在广州、上海等沿海港口设置海关，始由上海县府派员管理海船税务。上海商贸发展很快，"往来海舶俱入黄浦"编号，"海外百货俱集"。雍正二年（1724年），在上海南部增设南汇县。雍正八年（1730年），从苏州移苏松道驻上海，加兵备道衔，名曰：苏松兵备道，通称上海道。此举主要是为强化上海海关税务管理。从此，上海由县治跃升为统辖苏松两府道台衙门。乾隆元年（1736），清廷又将太仓并入，称苏松太兵备道。因为管理两府一州，加至税务关系到国家利益，因此，历任上海道官员多由具有巡抚、总督、布政使等官衔的人担任道台，级别很高。嘉庆十年（1805年），又划浦东高昌一带设川沙县。上海地域的扩展和任道台者级别之高，反映出上海发展的地位和作用日益增强。嘉庆年间,上海已发展成为全国性贸易港口城市,称之为"江海之通津,东南之都会"。

乾隆年间,上海港口的船舶已达3000多只,其中沙船最多。沙船为大型航海木帆船,适宜于北洋航线。沙船坚固,行驶平稳,载货安全。沙船的发展,促进了上海的繁荣。如今上海市标上仍画有一只三桅平底沙船,它对上海城市发展的作用由此可见一斑。

康熙时开海禁之后百余年间,上海港口每年由关东运来的豆麦达千余万石,南方布、茶等由上海用沙船运往山东、直隶、关东等地。在国际贸易方面,当时中国开往日本的百余艘海船,大部分由上海港出发。上海海船每只载货约30万~60万市斤不等,运往日本的货物包括丝、纱绫、棉布、茶叶、药材、瓷器、文具、纸张、书籍等,而运回的货物主要是银、铜、漆器、海产、珍珠等;往东南亚运出绸、棉布、陶瓷等,运回沙糖、苏木、槟榔、樟脑、檀香等物品。

上海手工业中首先发达的是纺织业。开始,棉纺织业是上海农民商品性副业。上海所产青蓝布远近闻名,是江南织造采办的主要对象。在清代前期,上海丝织手工业的发展还无法与苏杭相比较。有一种说法,当时全国最大的丝绸纺织中心是苏州,甚至还包括南京。而上海则是全国的棉织业中心。上海每日售出的布约5万~10万匹,全年约为2000万匹之多。上海棉布不仅行销全国,而且还远销日本等海外国家和地区。上海作为产地市场的商品还是棉花。上海的花行中,有专门为广东、福建出口商人收购花衣的"洋行"。在上海小东门外，形成一个大规模的棉花市场，来自福建、广东的船只，每年在春季二三月份运来当地土特产品，诸如糖、红木等商品在上海出售，到秋天收购棉花等商品运回。

上海是个移民城市。在1840年以前，随着上海海运业和工商业的发展，从苏北、宁波以及全国各地聚集到上海的人，已经在上海建立了同乡组、同业团体。如1757年福建泉州、漳州商人在上海建立了泉漳会馆，1759年粤籍商人建立了潮州会馆，1830年前后，山西行栈商人建立了山西会馆等。同业团体又称行帮、商帮。如1771年，北京在上海从事帽业的商人组织了京货帽业公所等。

上海县城在清代前期有50多条街巷，县衙周边几条官道为砖石路面，其余多为泥土路，宽6市尺左右。因为社会相对稳定，农业发展，手工业和商业兴盛，海内外贸易崛起，港口兴旺，清代前期上海人口聚集量迅速增长，到嘉庆十五年（1810年）时，已达52万多人。到嘉庆十八年（1813年），上海县城乡人口总数增加到52.8万多人，若加上港口往来流动人口，总数超过60万人。

（3）天津。清初，随着漕粮北上和芦盐南下，天津城市迅速发展，表现在以下几个方面。

第一，天津城市性质在清代发生本质性变化。明代天津是一座军事城堡，天津卫、左卫、右卫，三卫置于一城。顺治九年（1652年），清政府大量裁并卫所，将天津三卫合为一卫，统称天津卫。雍正三年（1725年）三月，因为天津地位和作用日益突出，清廷决定将天津卫改为天津州，隶属河间府。卫是军事单位，州是行政区划。天津州的设置，标志着天津城市性质在清代发生了变化。由于天津长芦盐业发展，盐政对国家很重要，加上漕运是朝廷赖以生存的命脉，同年九月，清政府又升天津州为直隶州，兼管武清、静海、青县3县。此次改制，至雍正八年（1730年）得到完全贯彻实行。雍正九年（1731年）四月，清政府又批准将天津直隶州升为天津府。这样，天津从卫改州，从州升直隶州，又升天津府，即不仅改为行政区划，而且连升3级。其管辖范围很大，东界于海，东南界于武定府海丰县，南界武定府乐陵县，北界顺天府宝坻县。其东南界远达300余华里，西南界为250华里，正南界为260华里，其发展方向是向南、东南、西南方向延伸，显然与漕运关系密切。而现在天津发展方向是向北、东北、西北扩展，它包括清代顺天府蓟县、宝坻、武清、宁河，以及原属天津府的静海，共4郊5县。而当时天津府管辖的沧州、青县、南皮、盐山各县现划归河北省，庆云县规划入山东省。清代前期天津市建置的变化，是由明代的军事城市，转变成为工商业和盐业、交通中心的结果。其升级反映出天津城市在北方甚至在全国的地位和作用的提高。同时，天津升级过程中，天津府城内逐步设置了清政府的派出机构，如水师营、长芦巡盐御使、钞关（税收部门）等。此后，又移直隶总督于此。这反映出天津作为北京的门户，在拱卫北京安全，以及转运北京所需漕粮方面的特殊重要作用。清代天津的发展方向，又反映了天津与黄河中下游地区发展关系的密切。总之，天津城市的性质和功能在清代形成了质的飞跃。

第二，天津府与天津城市规模。天津府土地面积为12600平方公里。雍正九年（1731年）天津府共有16.3865万人，雍正十二年（1734年）上升为16.6505万人。嘉庆二十五年（1820年），为16.0822万人，每平方公里人口密度为127人。道光二十六年（1846年），天津城内和城关一带人口为19.8716万人。从清朝初年至鸦片战争前夕，文献记载一般统称天津城市人口规模为20万人口。

第三，清代天津城的修建。天建卫城修建于明代永乐年间，因初筑城为土城，明弘治年间（1488～1505年）改筑为砖城。清代多次重修天津城。康熙十三年（1675年），离原城3丈外，另筑城墙，并建石闸，以海河为城四周城河，一是解决城内用水，二是雨季可以排水，增强城市抗洪能力。雍正三年（1725年），又把城墙改筑为梯形，既城基加宽，下广上狭，目的仍然是加强城市防洪和抗洪能力。城周长9里2分。乾隆在位60年，9次修天津城，乾隆皇帝为竣工新城题写4个城门御书："东连沧海"、"南达江淮"、"西引太行"、"北拱神京"。天津城市的地位和作用跃然纸上。至嘉庆六年（1801年），又再次修建城墙。

第四，清代天津城市工商的发展。漕运既是南粮北运，同时又是南北货物交流，而天津是其枢纽所在。顺治二年（1645年），清政府开始南粮北调。这一年依户部奏定，征各省漕粮400万石。漕运不仅满足了清王朝官俸、军饷、宫廷3项庞大开支，而且推动了全国商业市场的形成和扩大，商品经济日益繁荣，运河沿线城市更大大增强了活力。各地漕粮运抵天津后，卸在天津，改装浅船分运北京、通州入仓。顺治初年，清政府在天津额设"红剥船"（可装载200石以下的平底驳船称"红剥船"）600只。康熙五十年（1711年）额设"红剥船"增至1200只。而且规定在每年四月以前，"如有商货、盐斤，均准揽载"。这使天津与各地的物资交往日益增加，内河船运业发展。随着漕运业的发达，为漕粮转输服务的人员逐渐在天津居住下来，包括手工工匠、修造船舶之人，船械制作者等，推动了天津经济的发展。

天津是漕粮储存基地，清康熙年间在天津建公字廒6间，聚粟廒5间，裹餱廒5间，日字廒5间，并立盐运司常平仓。雍正二年（1724年），又在天津城北建仓廒481座，240间。乾隆十八年（1753年），建义仓廒10间，并在天津四郊分建义仓10座。乾隆二十一年（1756年），又增建泥沽义仓。这些仓储的建设，使天津城市成为漕粮转运的枢纽，促进了天津城市的发展。漕船的到来，带来的不仅是漕粮，而且包括南北货物的交流，人口的聚集，商业的繁荣。因此，清代天津已成为京东第一大都会，"畿辅之门户"。

清代在发展河运漕粮的同时，又发展了海运漕粮。嘉庆以后，河政有废弛之处，特别是江南有些河湖地区运道淤塞。因此嘉庆帝曾谕令各有漕之省督抚大员议商此事，但旧官僚却异口同声反对弃河图海，海运之议搁浅。至道光初年，淮河至长江流域的高邮、宝应、清江浦一带运河水道节节淤浅,利用黄河之水济运,艰难倍增,海运之议再起。道光帝决意厉行海运,令在上海设海运总局,在天津设兑收局。道光六年(1826年)二月,清王朝将苏州、松州、常州、镇江、太仓等4府1州新漕并缓滞漕粮聚集到上海,达112万余石,上海商人沙船原先北行,还需贮泥压船,而今船商以放空之船反得重价,而且清政府又规定可"先载南粮至七分,其余准带南货",于是很快雇得商船千余只,将漕粮运抵天津。当年五月,海运南粮通计达163万余石,风顺水利,颗粒无损。清王朝海运的另一方面是在天津大力营运和储粮。清政府预付船户每米一石制钱四文到津雇纤夫牵挽至上园交卸,并在天津东北外交兑,转卸剥船运京、通入仓;同时一部分储于天津各仓厫。原仓厫不够用,又在上园水口选高阜,筑墙挑沟,以铺席建仓囤粮;在北仓之南又建中仓。天津成为河运、海运漕粮枢纽之地,推动了城市的发展,商业更加繁盛。道光年间,海运不时遭到旧官僚反对,时河运,时海运,总形势是河海兼运,官商兼运,屡相更迭。

第五,海运奉天粮到天津。华北地狭人稠,粮不够用,康熙年间已出现"奉天海运"。天津地多斥卤,农业不发达,粮食供给短缺。清政府只得实行"官给龙票,出入海口,照验放行","用海舟贩运奉天米谷,以济津民"。康熙年间有专营"奉天海运"的皇商郑氏,人称"龙袍郑"。康熙二十二年清廷统一台湾后,即行开放海禁。于是"奉天海运"迅速发展,康熙三十五年（1696年），令海商运米天津，正税之外，免其杂课。乾隆四年（1739年）五月，谕令商贾等将奉天米石由海岸贩运，以济畿辅，并命奉天海洋运米赴天津等处之商船，听其流通，不必禁止。于是贩米之船很快发展到数百艘。到嘉庆四年（1799年），仅天津一县，向来以商贩东省粮石营生者，每岁约船600余只，沿海贫民以搬运粮石生意者，不下数万人。所贩粮米销地广大，及于直隶、山东、河南、山西、陕西等省。

"奉天海运"不单是以东省粮米济畿辅，反之也是。即关东发生灾荒，又有粮米自天津运至关东，用以救灾赈荒。史载：康熙三十二年（1693年）"盛京谷不登，民艰于食"，清廷决定发山东滨海诸州县常平仓米谷赈济。但自登莱起运不便，第二年春天，康熙帝亲自天津"访海道"，认定自天津沽口至辽东更便捷，由大沽出口，三日可达盛京。"奉天海运"起于康熙盛于乾隆、嘉庆诸朝，上关国计，下裕民生。而且粮食商业在天津是最有名的商业，天津粮商在市场发育中作用甚大，对天津城市经济和社会生活影响巨大。

天津在清代发展成为连结北方各地的区域性经济网络中心和北方重要贸易、商业城市。

第六，清代天津盐业的发展。长芦盐业在明清天津城市发展史上具有举足轻重的地位和作用。乾隆时期是天津盐业的鼎盛时期，其发展与乾隆实行的"抚商"政策关系极大。因此有人称乾隆是清代第一位盐业的改革家。乾隆皇帝准许灶户将滩地租给商民，或与商民合作照盐。乾隆帝多次来天津巡幸,赐宴盐商,赏赐物品,题词写诗,天津盐商成为一大通天势力,因而也颇效纳于朝廷。乾隆十三年(1748年),金川用兵,长芦盐局"报效"20万两银子。乾隆二十四年(1759年),伊梨屯田,长芦、山东盐商"报效"20万两银子。乾隆三十八年(1773年),金川用兵,长芦盐商"报效"60万两银子。据不完全统计,仅乾隆、嘉庆两朝,长芦盐商共"报效"3000万市两银子。故时人有诗云:"万户鱼盐供国税,一川风月属盐商。"

　　道光时,盐务积弊,政府加征河工费,盐商困顿。后采取变引商为票商的办法,规定任何人都可以买票贩盐,使销售、运输渠道大畅,至咸丰初年仍实行此法。

　　清代天津盐业的发展,还得益于技术改进和工具进步。清代长芦盐业生产,仅就提海水入潮沟一项生产过程而言,先是靠人力,后是靠骡马套水车,以后又改进为使用风车,标志着盐业生产从手工工场到现代机器的过渡,机械运作代替了手工操作。生产分工也进一步改进,盐的质量逐步提高。在清代长芦盐场生产广泛使用雇佣劳动,如挑沟工、滩工、驳运工、坨工等,这是资本主义萌芽在盐业生产领域的发展。

　　天津盐业是促进天津城市发展的一大工业,也是一大商业。漕运、盐业发达,河运、海运昌兴,天津城市繁荣。即所谓"聚天下之粟,致天下之货,以利京师,海岸数十里卤积成盐"。有《津门迎神歌》描绘了当时天津发展与盐业、漕运的关系:"津口近海鱼盐利,商船舶粮应时至";"雄镇畿南傍海涯,百年生聚竞繁华。遥通漕运三千里，近集鱼盐十万家"。

第七，清代天津的手工业。天津手工业发展首先是与海、河漕运及制盐业的发展息息相关，有造船、修船、船用机械手工业；有制卤、制硝、织席、作虾油和虾酱手工业；盐商、粮商的兴起，建造豪华而又具地方特色的建筑，推动了制砖、砖雕业的发展。天津有个叫马顺清的人，发明贴砖法，即在原雕砖的砖面上，再附上一层砖，增加了图案的层次、浮动之感，形成天津砖雕艺术风格。天津风筝和木雕手工业在清代兴起，具有浓厚的地方特色。

第八，清代天津的商业。由于商路大畅，运河上的漕船回带长芦盐和北方货物，北方各地货物由驳船转运至天津，运河上往来漕船与驳船成舳舻相接，首尾相衔之势。运河两岸商船也借运河运货，往来贩运，在天津三岔河口形成"河路码买卖广，繁华热闹胜两江"的局面。

清代开放海禁后，领"龙票"贩粮者来往于天津与辽宁之间。由福建厦门，闽粤商船、江浙海船和台湾载船都可通天津，从事远海贩运。由此推动了天津商业的发展，天津成为北方商业最盛的吞吐口岸之一。

商品交易昌盛。清代天津市场上的商品有蔗糖、白糖、松糖、鱼翅、橘饼、胡椒、鞭杆、粗碗、洋碗、苏木、烟草、茶叶、翎羽、木材、香料、药品、药酒、铁锅、毛边纸、缝衣针、铜纽扣、云绸、葵扇、草席、蓝靛、玉器、象牙雕刻、锡制器皿等。还有粮米、毛竹、长屏纸（南纸）、明矾、杉木、绍酒、锡箔、瓷器。这些都是来自厦门、台湾、琼州、雷州、浙江、江苏等地的商品；而北方南下的商品有药材、核桃、红枣、黑枣、瓜子、杏仁、豆麦等；还有煤炭、石炭、器皿、矾皂、花椒、食盐等。

商业区的形成。北门外沿河一带商业区，有闽粤商船麇至，这里有锅市街、针市街，就是销售粤闽商贩来的铁锅、缝衣针和铜纽扣等的专业街市。天津还有洋货街，为嘉庆、道光年间闽粤商船载来的外洋舶来品，聚集在天津北门外、东门外销售，形成洋货街。"百宝都从海舶来，玻璃大镜比门排。和兰琐伏西蕃锦，怪怪奇奇洋货街。"天津还形成一些商品集中交易场所，如鸟市、肉市、鱼市、菜市、果市、骡马市等。

银钱业兴起。清朝规定商民交税用银，而百姓平日用铜钱，于是出现银与制钱的兑换。商业越兴旺，这种兑换业越发展。销售制作首饰者也兼营兑换银钱业。这种店铺，贾摊规模小，但数量大，是清代天津城市不可忽视的银钱业。

山西票号的兴起是天津银钱业的一大事业。乾隆年间兴起雷履泰开设的日升昌颜料店，兼营汇票业务，赚取汇水，仅十几年就获利银数十万两。于是在嘉庆二年（1797年）创立日升昌票号，专门经营银钱汇兑业务。此后，山西富商纷纷仿效。嘉庆十九年（1814年）山西商人毛凤刿创办天津蔚泰厚票号。自道光初年起，仅十九年，天津相继成立票号达17家。票号除营业汇兑之外，又兼存款、放款、放债，与社会各行业关系全面铺开。

乾隆年间，天津银钱业中，还出现典质店。因其利大，发展迅速，至咸丰四年（1854年），天津城里典质店比比皆是，发展成为商业资本与高利贷资本结合为一体的典当业。

第九，产业资本的萌芽。清代天津海上运输、盐业、商业、银钱业等行业普遍孕育和萌发了产业资本萌芽。漕粮和商贷转运船主拥有河船、海船（如奉天海运），便雇佣"掌驾"（司一船之总务）、舵工、水手从事运输。船主靠剥削雇工获取利润。在海运业中，竞争激烈，乾隆年间的天津天成号韩家，挤垮和吞并许多大小的海船主，成为垄断天津海上航运的大户。他又开设粮行、银号、当铺，把资财转化为商业资本，又利用商业盈利去扩大船海运输业，航业资本与商业资本互相转化，成为天津早期产业资本的特征之一。

在盐业领域，出现专业化雇工，还出现坐场收盐的商人，称"场商"。场商甚至租赁灶地，控制盐业生产，形成商人出资、灶户出力，商业资本与生产资料相结合，这是原始性产业资本。

商人发财后，购买产业，富商崛起。道光年间天津县城内有住户9914户，其中从事商业及与商业有关的户数达5245户，占全县城内户数的53％。诚然，这些商户包括南来北往的外地来津商人常居于天津者，如商人会馆的兴起，就增加了这类常居天津的商户。闽粤会馆是天津出现较早的会馆。乾隆年间，广东人在天津城内外开设的大商号已达10余家，小商号30多家。北门外的闽粤会馆又名洋蛮会馆。乾隆二十六年（1761年），山西会馆建于河东杂粮店街。道光年间又建了第二座山西会馆，还有江西会馆，以及建在杨柳青镇的第三座山西会馆。

综上所述，鸦片战争前，清代的天津城市已是拥有20万人口的交通枢纽城市、商业都会。

天津是在第二次鸦片战争（1856~1860年）之后沦为殖民地半殖民地城市的。咸丰十年（1860年）签订的《北京条约》再一次确认《天津条约》，并且增加"开天津为商埠"的内容。天津开埠，导致天津城市社会性质发生变化，其经济结构也发生巨大变化，由封建型的城市变成为完全向外国侵略者开放的市场。

清代天津已成为北方重要港口城市、商业城市。道光二十六年（1846年）时，天津全县人口已达44.2343万人。其中城关地区共有19.8716万人，城里9.5351万人。天津城关与城里合计达29.4067万人。即天津城关与城里人口已接近30万人。城里铺户最多，几乎占到全市总人口的1/3。

开埠之后，天津成为洋货市场，其中鸦片走私非常严重，以"洋药"名义进口鸦片。1863年列强在天津一地销售鸦片达599.84万市两；1866年激增至1465.92万市两，占当时天津进口总值的33.4%。

鸦片之外的其他进口商品大到成套机器设备，小至洋针洋线。而且天津海关被英国雇用的德国人德璀琳所把持，他控制天津海关达20年之久。天津海关主权丧失，外国资本侵略日深一日，控制了原料，挤垮了中国民族手工业。

英、法、美三国首先在天津强租"紫竹林租界"。此后不仅英、法、美不断强夺中国土地，扩大租界，而且日、俄、德、意、奥、比等国也陆续在天津划定租界。与列强强夺租界的同时，外国传教士又在天津从事建教堂和传播基督教等宗教活动。与此同时，又办了一些学校和医院，使这些学校、医院有两重性。一则是帝国主义侵略势力的侵略工具，二则在客观上传播了西方文化和科学技术。

第二次鸦片战争后，清政府签订不平等条约，天津开埠，丧失海关自主权，允许外国侵略者建立租界，外国侵略势力掠夺中国原料和以鸦片走私、倾销洋货占领中国市场，导致了天津逐步沦为半封建半殖民地的城市。

（4）北京。北京故宫是明代永乐年间征调30万人，用15年建成。北京城整体轮廓、基础框架、基本设施，在明代基本建成。清代建都北京，对明朝宫殿、城池、街衢、坊巷，基本上没做大的改动，清代最突出的建设是西郊的两座离宫，一是当时被称为万园之园的圆明园；一是颐和园。清政府曾把城内汉族百姓迁到外城，内城由八旗人居住。内城里住着大批王公贵族。皇亲贵族府第又多分布于西城，时人称"贵西城"。

清代在鸦片战争以前，手工业和商业都有长足进步，但因主要是为清政府、官僚、贵族、八旗军士服务，所以商业比手工业有更显著的发展。

清代北京的手工业多半是奢侈品生产，如玉器、珐琅、雕刻、漆器、珠宝、料器等。老百姓的生活必需品，则主要来自外地，棉布来自松江，土布来自山东和河北，纸张用品来自安徽、福建、江西，烟叶来自关东和河北。不论是皇族、贵族，还是老百姓婚丧嫁娶所用丝绸之类名产品，则来自江宁、苏州、杭州等地。至于香料、钟表以及各类奢侈品、高级观赏用品等，则来自全国各地和国外。

清代北京城市商业繁华，固定城市市场相对集中，是清代北京商业发展的重要标志之一。在北京的商户不下几十万家。正阳门外大栅栏是北京的商业中心，西单、东四商业在清代也很发达。除此之外，还有花市、菜市、琉璃厂书肆等。清代北京商业的发展还表现为庙市特别兴旺，具有鲜明的地方特色。"京师之市肆，有常集者，东大市、西大市是也。有期集者，逢三之土地庙，四五之白塔寺，七八之护国寺，九十之隆福寺，谓之四大庙市，皆以期集"（《旧京琐记》《市肆》）。城内以隆福寺和护国寺为东城、西城两大庙市。其他如都城隍庙市、都灶庙市、太平宫庙市，以及和平门外厂甸地区的正月初五、元宵灯节的"庙场"，都是北京著名庙市。清代北京平时定期庙市增多，商业发达，因此使一年一度的城隍庙市规模及热闹程度不如明代。这是清代北京商业进一步发展的反映。

清代商业发展还反映在全国各地商人到北京做生意者增多，商业生意扩大，建立同籍商人会馆的行业增加。广州籍商人，在北京经营绫、罗、绸、缎、葛、麻、珠宝、玉器、香料、干鲜果品等行业,他们组织了北京仙城会馆。经营杂货、纸张、颜料、干果、烟叶等生意的山西临汾商人组织了临汾会馆。这类会馆的增加,是清代北京城市商业发展,商人社会地位提高,商人势力增强,特别是商业行帮势力增强,商人组织联络密切的表现。

第二次鸦片战争时期,英法联军侵入北京,圆明园遭到洗劫。《北京条约》的签订,导致北京东交民巷使馆区的形成。咸丰十一年(1861年)由于辛酉政变使慈禧太后夺得最高权力,中国政治从此更加腐败黑暗,帝国主义侵略更加疯狂。北京原有的手工业逐渐衰落,原来的国货商店也逐渐衰落。但是,洋货店铺却发展到几百家之多。北京城市经济逐步半封建半殖民地化。诚然,近代北京也成为中国人民反帝反封建斗争的中心,百日维新和戊戌六君子的流血牺牲,义和团的反帝爱国运动,都体现出中国人民不屈服于帝国主义侵略者,坚持反帝反封建的斗争意志。

(5)苏州。苏州区位优越,交通便利,农业发达,是江南著名的鱼米之乡,丝织业和手工艺制作独具特色,第宅园林精美,巧于创造,魅力无穷,人文荟萃,文化昌炽,世称"人间天堂"。明末清初,清兵攻占苏州,苏州府城遭到破坏。康熙元年(1662年),重修苏州城垣,周长40余华里,开设封、娄、齐、闾、盘、胥六门,除胥门外,皆有水门、陆门。清代苏州城市工商业发达,资本主义萌芽生长显著,全国著名。

清代曹雪芹著《红楼梦》开头就写道:"当日地陷

东南,这东南一隅有处曰姑苏,有城曰阊门者,最是红尘中一二等富贵风流之地。"

苏州在清代有附廓县三,即吴县、长洲、元和。苏州所在地区有山有水,"太湖三江"史称"二大水"。这"二大水"加上运河,便构成苏州城外主要水系。在苏州城内,主要是被称为"三横四直"的水系网络,而且成为苏州城市环境的主导因素。因此才有苏州被称为东方"威尼斯"的故事衍生出来。

清代苏州(含附廓县)人口。苏州"郡城之户,十万烟火。郊外人民,合之州邑,何啻百万"。根据乾隆《苏州府志》资料考证,乾隆十二年(1747年),苏州府(含附廓县)人口582432人,其中苏州城内97897人。嘉庆十五年(1810年),苏州府人口为1655614人,苏州城内人口为281123人。嘉庆二十五年(1820年),苏州府人口为2975313人,城内人口为505280人。道光十年(1830年),苏州府人口为1970468人,城内为334585人。到同治四年(1865年),苏州府人口为612363人,城内为103979人。

苏州府和苏州城市人口的发展变化是与苏州城市的工商业性质紧密联系在一起的。苏州在明清时期是一座"黄金百万"、"富贵风流"、"商贾鳞集"、"五更市贾不绝"、"四远方言不同"的"江左一大都会"。苏州城市人口结构表明:它是以工商业人口为主的城市。《江苏省明清以来的碑刻资料选集》,共编入苏州碑刻253通。按行业分为17类:丝织、丝业、绸缎类;染坊、踹坊、布坊类;纸作坊、书坊、纸业类;

水木作、石作、木行、红木巧木业类；冶坊、铜锡、铁器类；刺绣、珠宝玉器、银楼类；硝皮、提庄、百货类；南北货、粮食、酱油类；猪行、府厨、菜业类；煤炭、蜡烛类；药业类；金融类；关卡、码头、交通类；赋税、抚民类；民间戏曲、弹词类；会馆事务类；其他。以上17类，只有"民间戏曲、弹词"和"赋税"二三类不属于工商业范围，其他皆属工商类。工商业类资料，主要记录了丝织手工业、踹坊手工业和工艺美术手工业情况。这3大项手工业的人口目前找不到全面的记录。其中仅"雍正年间苏州城内踹坊达四百五十余家，踹匠计有两万人"，丝织手工工匠人数更多。因为，苏州丝绸生产十分发达。但因缺乏具体统计，尚难说出一个总数。工艺美术手工业工匠也有一个相应的人数。而苏州商业人口就更多一些，据《江苏省明清以来碑刻资料选集》统计，明清时期仅外地商人在苏州所建会馆数目，即可反映出一个大概。苏州有会馆40处，公所122处。

清代苏州城市商业发展。上述苏州人口结构中足可反映出苏州手工业发展概貌。清廷在苏州设立织造衙署，专管为宫廷所需丝织品的生产。乾隆四十五年（1780年），苏州织机已发展到一万数千张之多。苏州是清代国内三大丝绸生产中心城市之一。与手工业发展相匹配的是苏州商业的发展。在清代，苏州城里同类商业行铺集中于一些街区，成为专业交易场所。如乾隆二十四年（1759年）徐扬所画《盛世滋生图》中，苏州街道上张挂市招的丝绸业有14家，棉布有16

家,棉花业有6家。而且市招还反映出:丝绸业有行、庄、号、店不同名称,棉布业也有行和号的不同称呼。这是批发和零售分工明显的反映。行、庄经营批发,而店铺则经营零售。苏州"五方杂处,百货聚汇,为商贾通贩要津,其中各有青蓝布匹,俱于此地兑买"。在《盛世滋生图》中,共画了230多家有市招店铺,50多个行业。除苏州当地所产绸、缎、纱、罗、绵绸、扣布、大布等本地产品外,还有江苏、广东、浙江、福建、江西、山东、云南、贵州、四川等省特产、名产,甚至还有哔叽、羽毛之类的洋货。总之,在乾隆年间的苏州市场上,"山海所产之珍奇,外国所通之货贝,四方往来千里之商贾,骈肩辐辏"。

因为苏州在清代工商业发达,城市人口增多,特别是在嘉庆年间是苏州人口最多的时期。因此嘉庆年间,苏州府无论丰歉,都须由江西、安徽、湖广等省运入米谷,每年消耗商品粮达数百万石。

太平天国时期(1853~1864年),苏州是太平天国外围城镇。太平天国曾在苏南设立苏福省,苏州曾作为苏福省省会4年。甲午战争后,《马关条约》把苏州辟为商埠,由此遭受日本侵略势力掠夺,苏州城内西南部地区成为日本租界。

(6)杭州。清代杭州为浙江省省会。顺治七年(1650年),兴建旗营,周长9华里,作为八旗军和八旗军眷属驻扎和生活区。

清人评价杭州,认为杭州有它自己的优势,"杭州以湖山胜,苏州以市肆胜,扬州以园林胜,三者鼎峙"

(李斗：《扬州画舫录》）。李斗在此转记的清代人刘大观游览江南诸城后的感想和体验。以杭州城市环境而论，刘大观的话很得体，很地道。因为西湖和西湖诸山，钱塘江和运河，以及杭州城内上、中、下三河是构成杭州城市环境的基本因素，也是杭州城市区位的优势和交通内外的基本条件。清代"康、雍、乾、嘉中皆大浚"城内诸河，并修建水门6座，杭州城内水系直接与南北大运河接通，杭州是清代南北大运河终点；杭州还通过浙东运河与宁波港口联系。这是杭州城市发展的经济命脉所在。因此，清代杭州城市建设的重点是城内水系及其与外界交通的沟通。康熙二十四年（1685年），巡抚都察院赵士麟力主开浚城河，并首倡由绅士商民"捐资"举办这项工程。这项开浚工程包括：正阳门外河道；清河闸至盐桥河河道；武林门内破仓桥至大河口河道；梅家桥至过军桥河道；迴龙桥至中官桥河道；候潮水门至过军桥河道；武林水门至破仓桥河道；校场桥至杜子桥河道；正阳门外至铁佛寺桥河道；涌金门外至清波门外河道；梅东高桥至盐桥河道；破仓桥至贡院东桥河道等。"河道阔狭并各桥埂，悉照旧址开浚深阔，两岸河塍，甃筑坚完，每桥建立石碑一座，严禁居民淘夫倾泼污泥"（乾隆《杭州府志》卷四十）。这次开凿城内各河之后，"梗塞既去，清流徐来"，"四河水沦涟，吐浊留清"；"方舟徜徉中流"；"杭人如鲠得吐，如痹得仁，欣然有乐生之渐，相与忭舞"；"杭之食利"，百货皆通（乾隆《杭州府志》）。

清代杭州既是府城所在，又是钱塘、仁和两县县治所在。钱塘、仁和两县市民数，就是杭州城市人口。康熙二十年（1681年）杭州城市人口为22060人；康熙六十年（1721年）为24805人；雍正四年（1726年）为24948人；雍正九年（1731年）为25160人；乾隆四十九年（1784年），为141336人。

清代杭州是我国丝织业中心之一，也是锡箔业发达的城市，商业和海外贸易也十分发达，以致杭州郊区的城镇迅速崛起。据文献记载：清代杭州"东城机杼之声，比户相闻"。乾隆、嘉庆年间，外郡人民在杭以织机营生者众多，许多机户发展成为一定规模的手工工场，当时杭州出现拥有一千台织机，三四千工人的大型丝织工场。清代民间织成的西湖十景全图（《十锦图》），生产过程复杂。"十样西湖景，曾看上画衣，新图行殿好，试缫九张机"。这样的产品需要大规模的工场和技术高超的巨匠来完成。杭州有名的东园一带机户，能织出碧绿与青红的兰菊芙蓉花。随着丝织业的发展，杭城内外的练染业分生熟两类，已相当发达。到乾隆年间，杭城内外练染手工业已出现"练色比生邻，凌晨展素缟"的盛况。与丝织业发展相伴随的还有织造工具生产的发展，当时杭州城里有生产"蔻"、"筬"、"隶经"（络床）、"梭子"、"纡管"的专门制作手工业。

杭州锡箔制造业在杭州孩儿巷、贡院后、万安桥西一带。康熙年间，杭州锡箔制造已不下万家，"远自京师，抵列郡取给"。除此之外，杭州手工业还有杭扇、杭线、杭烟、茶叶、藕粉、杭剪等，这类手工业产品在全国都很有名气。

杭州商业贸易。清代海上贸易开始向杭州转移。宁波和杭州都是清代海上贸易港口城市，杭州的丝织品，除供本省消费外，以销满洲为第一，广东、福建、江苏、湖北等次之。杭州丝织品在苏州市场上占有一定地位和比例。

咸丰十年（1860年），李秀成率太平军攻下杭州城。同治三年（1864年）三月，太平军受到清军和外国洋枪队进攻，被迫撤出杭州。光绪二十一年（1895年），杭州被辟为日本通商商埠，杭州逐渐沦为半封建半殖民地城市。

（7）南京。清代的南京称江宁府。

清代南京织造业极盛。全国丝织业生产的中心，已由苏、杭移至南京。清政府曾在南京设江宁织造，以管理锦缎生产。最盛时织机达3万架，织工达5万人。云锦产品名闻中外，织缎业也十分发达。生产规模以及生产方式，在清代发生很大变化。南京丝织工场，至道光年间，已多达五六百台。丝织工场雇佣关系已经普遍建立，资本主义萌芽存在于工场手工业之中。另一个变化是，清初江宁织造所需原料是由政府向民间征用，而到嘉庆年间，则大部分由江宁织造手工工场直接向市场采购。

清代南京民间丝织业亦很发达，有商人资本直接开设工场手工业，也有间接投资于生产的。南京"机户聚于城之西南隅，开机之家，总会计处，谓之账房，机户领织，谓之代料，织成送缎，主人校其良楛，谓之雠货。""小机户无甚资本，往往恃账户为生"。

清代南京商业发达，形成一些著名商业区。据吴敬梓描述:"里城门十三,外城门十八,穿城四十里,沿城一转足有一百三十多里,城里几十条大街,几百条小巷,都是人烟辏集,金粉楼台"(吴敬梓:《儒林外史》)。南京商业的发展还反映在有专门供缎商包裹绸缎的包装行业——绵纸行和纸坊。"机房包裹缎匹,谓之筒货,表里皆用绵纸。""镇淮、桥口及新桥、沙湾之纸坊,有专供缎贾用者"(陈作霖:《凤麓小志》卷三)。诚然,这与江宁作为丝织产地和集散地形成大宗批发业有直接联系。

清代前期,南京是全国有名的工商业城市,全国经济中心之一。《南京条约》签订后,南京被辟为通商口岸,北面临江的下关,逐渐发展成为商业区,成为帝国主义倾销洋货商品的门户。

太平天国革命军攻克南京,建都南京,改称天京。太平天国是中国历史上也是中国近代史上规模最大的农民政权。洪秀全领导的太平天国革命政权在南京建都达11年之久。在此期间,组织过北伐;颁布了《天朝田亩制》、《资政新篇》,在南京建立了新的工商业制度,而且准备学习西方,建立工业邮政、市政等先进技术和先进管理办法。但当时缺乏社会基础,也受农民阶级局限性制约,加上太平天国内部"杨韦之变"和石达开出走,在帝国主义与封建主义相互勾结的进攻下,太平天国于1864年7月失陷南京,清朝地主武装湘军进入天京,焚烧天京达7天,辉煌的南京建筑和文物被焚毁殆尽。现存古建筑多数是清末重建的。

（8）沈阳。1625年清太祖努尔哈赤迁都沈阳，名盛京。努尔哈赤增筑外城，建沈阳故宫。在沈阳城北建北陵（昭陵），在城东北建东陵（福陵），这就是皇太极和努尔哈赤的陵墓。

沈阳是清朝的"发祥之地"、"龙兴重地"，又是清朝移都北京之后的陪都。因此，清代对沈阳的建设主要是着重于政治、军事、文化建设。

沈阳地理位置重要，地处交通要道，西行可直达山海关。该城规模初为周9华里30步。有4门，濠双重。后在沈阳城北筑有一道边墙，具有防御功能。清迁都沈阳时，袭用的是明代卫城。到后金天聪五年（1631年）开始扩建沈阳城，将城墙加高加厚，增建明楼、角楼，设城门8座，城内街道由十字形扩建为井字形，建宫殿、天坛、地坛、太庙及各类官署衙门。天聪八年（1634年）更名盛京。清王朝迁都北京后，定盛京为陪都，设户、礼、刑、工、兵五部，称盛京五部。五部长官均由满族人侍郎担任。康熙、雍正、乾隆直至道光几代皇帝都曾到盛京东巡、祭祖，共11次。皇帝每东巡1次，就对沈阳城市、宫殿、陵寝、庙宇进行修建、扩建。最能引起后人注意，也是对后世影响较大的修建，一是康熙第一次东巡时增开沈阳8个城门，二是乾隆东巡时对沈阳故宫的修建。沈阳故宫位居市中心区，原名盛京宫阙，入关后称奉天行宫。经乾隆、嘉庆朝增修，有房屋300余间，院落10多个，占地6万多平方米，是现存仅次于北京故宫的皇宫建筑群，具有辉煌的建筑成就。以上史实反映了沈阳在清代的政治地位与作用。

在军事上,清顺治三年(1646年),改设昂邦章京,给镇守总管印。顺治十四年(1657年),改盛京为奉天府,设府尹管民政事务。康熙元年(1662年),改设镇守辽东将军,康熙三年又设承德县,四年改设镇守奉天等处将军,亦称盛京将军。直到光绪三十一年(1905年)建省,废将军,设东三省总督,奉天巡抚。

在文化上,乾隆四十七年(1782年)建文溯阁,用以庋藏《四库全书》,也供皇帝东巡盛京读书看戏之用。

(9) 曲阜。曲阜在泰山西南麓,邻近泗水,地处山东省西南平原的东北边缘,农业手工业发达早,孕育了古代东方文化,抚育了儒学创始人孔子。

谈清代的曲阜城市,应先交代一下明代的"移县筑城"。明代曲阜城是在明正德六年(1511年)以后开始修筑。一般记载是从正德八年开始修城至嘉靖元年(1522年)竣工,历时9年(一说10年),费银35.8万两。城池以孔庙为中心修建。《阙里文献考》记载:"城周八里三十六步,高二丈,厚半之,池深一丈"。面积8.8平方华里。"设五门,东、西、北三面各一门,南面二门。清代袭之"。

清兵入关以后,以"崇圣学"为号召,并作为平定山东的要策。顺治元年,即承认衍圣公在明代所享有的一切特权。衍圣公仍兼太子太傅,朝见时列内阁大臣之上。

清乾隆皇帝等南巡都到曲阜朝圣。对尼山孔庙、曲阜孔庙多次大规模重修。在中国历代包括清代对曲阜的建设都把重点放在"三孔"之上。曲阜城内外形成了孔庙、孔府、孔林三大建筑群。这被称为东方艺术宝库。

孔庙位于曲阜城的中央，为历代祭祀孔子之所，清代乾隆亲题的御书也留在了曲阜。孔庙经历代修缮和扩建，南北长2华里，东西宽40.3丈，总面积327市亩。9进院落，分左、中、右三路。中轴线贯穿南北，建筑物左右对称配列。全庙共有5殿1祠、1坛、2堂、17碑亭、53门坊，共计466间。建筑群气势宏伟非凡。

孔府，即衍圣公府，位居孔庙东侧，是孔子后代子嗣府第。孔府占地面积16万平方米，有楼房厅堂463间。

孔林，亦称至圣林，位于曲阜城北1公里处，是孔子及其家族墓地。初"三垄墓地"，后经增扩、重修，总面积达200万平方米，周围筑有高3米、厚1.5米、长达14华里的砖砌林墙。

曲阜既有文物之贵，又有园林之胜，被称为具有地上地下两大博物馆，是包括政治、经济、军事、文化、建筑、风俗、艺术等诸多方面极高价值的宝库。

在清代，曲阜城市不仅因为衍圣公贵族大地主生活的需要而使曲阜城北形成一年一度的庙会，吸引全国客商前往，而且更根本的原因在于清代商品经济的发展起来，曲阜城市和它周围的屯义集市也迅速发展起来。属于曲阜县的这类集市，康熙时有7个，乾隆时增加到13个。

结束语

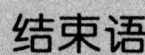

中国这方土地,既是人类的发祥地之一,也是城市的发祥地之一。地球上人类的历史可以追溯到距今300万年以前。在距今170万年以前的中国元谋人已发明用火,是迄今发现的地球上人类用火最早的遗迹。中国的黄河流域、印度的印度河流域、美索不达米亚的两河流域、埃及的尼罗河流域是世界城市起源的故乡。在中国的古籍文献中,很早以前就有了关于"城"和"市"的记述,在中国这方土地上有原始社会后期的"城"的遗址;"日中为市"的"市"形成于神农氏时代,那是固定居民点的劳动者交换产品的地方,是手工业者和商人逐渐聚集的场所。

迄今,中国城市的历史大约经历了五六千年的发展历程。在这五六千年之中,包括原始时代后期、奴

隶制时代、封建制时代、近代和现代。其中中国古代城市的发展历程，在原始时代后期为起源时期；中国社会进入奴隶制和封建制后，城市的发展可分为4个时期，或者称4个阶段：①城市的形成阶段（奴隶制时代）；②封建时代城市的发展阶段（秦汉、隋唐时代）；③封建时代城市的演变阶段（宋、元时期）；④封建时代城市的局部质变阶段（明清时期）。

中国古代城市的4个发展阶段，与中国古代经济社会的发展血肉相联，城市的发展既受中国古代经济社会发展的推动和制约，又对中国政治、经济、文化的发展起到推动作用，集中体现着中国古代文明的进程，反映出中国古代城市发展的客观规律和个性特征。

（1）中国古代城市的形成阶段，约从公元前21世纪开始，到公元前475年（春秋战国之交）。

这个阶段经过夏代、商代、西周和春秋时期。夏是中国历史上第一个奴隶制国家，它虽然把全国分为9个地区，称"九州"。但夏的统治范围主要在现在的山西、河南和陕西3省范围内。夏代的城市，迄今所知道的考古遗址，也就是今天的偃师地区，处在伊洛河与坞罗河交汇三角洲地带的斟鄩和地处太行山与漭河之间平原上的称作"原"的两座夏代都城。夏代都城的基本特征就是代表国家。它生存发展的条件就是依山傍水和利于发展农业的平原沃野（有大小之分）。它的生产工具包括磨制石器，同时有骨器和铜器。有了天文和历法，即著名的"夏历"和"夏小正"。商是中国历史上第二个奴隶制国家。商朝统治范围已较夏代扩大,东至大海,西至陕西,东北达辽宁,南达江南。商代历次迁都,从契到汤8迁其都,证明当时城市规模与建设仍处在形成阶段。商后期的都城称"殷",是个大都市,故古籍中记载为"天邑商"、"大邑商"、"商邑"。后来荒废了,故后世称之为"殷墟"。它的生存条件最根本的仍然是河——殷在洹河两岸,岸南为宫,岸北为陵。商代都城处在农业发达区域,城内有手工业作坊,规模较大,冶铜发达,有青铜农具,手工业技术、工艺水平较高。出现了专门从事商业的商人,有了"好货"、"宝货"等价物,是一种原始货币。城市里有了较发达的文化,乐器"石磬"、白陶,甲骨文都已发明和使用,并有"册"和"典"。故城市规模受到赞美:"商邑翼翼,四方之极。赫赫厥声,濯濯厥声。"中国历史上第三个奴隶制国家称西周。西周的国土范围已达今新疆、青海和月氏。农业发达,手工业更发达,虽然仍属青铜时代,但铜器除制造兵器和生产工具外,还大量应用于生活器皿的制作。城市里不仅住贵族,而且住着工匠和百姓,也有被征服者。文化生活更丰富。西周城市最大的进步表现在有了规划。古公亶父建造城廓房屋,文王建丰京,武王建镐京,两京位于丰水两岸。其规划的指导原则在《考工记》中记述为"匠人营国,方九里,旁三门,国中九经九纬,经涂九轨。左祖右社,面朝后市"。还修造了"灵囿"。东周始于公元前770年平王东迁雒邑。东周包括两个时期:春秋与战国时期。春秋时期(公元前770~前475年)。雒邑因地处雒水之北而得名。它地势险要，西依秦岭，东望嵩岳，南有伊阙，北有邙山。古人建城，精于相地，因山就水，因地制宜，此城即是典型。雒邑是商城，手工业也著名。这时期地主阶级在推行变法，封建生产关系得到发展。民间商业与官府商业同时发展，手工业分工加深。综上所述，中国奴隶制时代的城市的基本发展条件可以概括为：第一，皆处山水之地；第二，宜于发展农业；第三，手工业、商业功能逐步增强；第四，文化功能逐步形成；第五，皆是政治和军事中心。基本特征是代表奴隶制时代的国家。但春秋时期的城市已发生变革，有了新的突破奴隶制的因素。

（2）中国封建时代城市发展阶段，约从公元前475年春秋战国之交至公元979年，即从战国时期到五代十国时期。换言之，从中国开始由奴隶制社会进入封建社会起，至五代十国结束，为中国封建时代城市发展阶段。

战国时的城市，较前代发生全局性质变。齐国临淄，地处黄河下游，不仅盛产鱼、盐，大兴煮海之利，而且以精美的布、帛等纺织品畅销全国，城里住有士、农、工、商、贾五民，7万户，达20余万人口，成为东方一大都会。临淄"稷下学"堂，多至数万文化人和学生。楚国的郢，地处湖北江陵，是座"朝衣鲜而暮衣弊"的城市。燕国蓟，是北方商业城市。韩国阳翟，地处今河南禹县，是军事要地。赵国邯郸，是黄河北岸商业城市。魏国大梁（今河南开封），是地处汴水之北的商业城市。秦国的雍城，称为"汧渭之会"，是地区城市；栎阳是秦国吸纳人才、实行变法之城，商鞅曾到达此城，提出变法。咸阳是秦国推行变法和大兴养士之风、发展文化的城市。总之，商业、文化、变法中心的功能，在战国时期的城市里反映出历史变革的活力和生机，新生代替衰朽的历史变化，是战国城市的基本特征。秦统一中国所建立的秦朝（公元前221~前207年），建都咸阳。它位于渭水北岸，水陆交通方便，有终南山和九嵕为南北屏障，利于防守。这座都城规模，东西达20余华里，南北4华里。建有咸阳宫、兰池宫、阿房宫、诸庙、章台、上林苑等。城里有发达的手工业作坊，分官营与民营，官营作坊在城内，民营作坊在城外，人口达六七十万人。有"仕者宫，不仕与耕者近门，工贾近市"的人口分布。这反映出秦咸阳就是一座宫城，中央集权的政治、军事中心。汉朝建立后，立都长安，城周65华里，12座城门，城四周有濠。历时5年修成，征发民工达29万多人，是中国历史上第一座规模最大的城市。全城街道通称8街9陌。城内有长乐宫、未央宫、北宫、桂宫、明光宫，城外有建章宫，城西有上林苑，苑内有昆明池。西汉统治经历了汉初皇帝配不起4匹纯一色马驾车，将相大臣坐牛车，到后来，朝廷积钱数百万，粮米堆积露天，朝廷6大马苑，养马30万匹。长安成为全国政治、经济、文化中心，封建社会的城市典型。长安城里有建筑业、丝织业、造纸业、造船业。汉代全国有6大商业都市，长安为首，其他为洛阳、邯郸、临淄、宛、成都。长安有160个闾里。商业区称9市，西6市,东3市,俗称东西市,还有一个位于太学附近,以交易书籍、乐器为主的鬼市。长安是全国文化中心,藏书居全国之首,学校众多,太学为最高学府。张骞出使西域后,与各国经济文化交流大增,长安又是对外经济、文化交往中心。洛阳是东汉的政治、经济、文化中心,这座城市的建设也是着力于宫殿,著名者有南、北二宫。洛阳工商业发达,又是全国文化中心,有"国立大学",学生达3万多。佛教在东汉洛阳日渐盛行,其产物之一就是兴建了著名的白马寺。秦汉时期城市发展的突出特征是全国统一的政治、经济、文化中心都城的规模、地位、作用空前加强,与此相呼应的是地区行政、经济、文化中心城市的发展。它是封建社会中央集权统治和封建社会上升阶段经济文化发展的产物。

到三国时期,魏、蜀汉、吴三国分立,都为统一全国而战。它们的都城,即吴都建业、蜀汉都成都、魏都洛阳成为当时全国的三大政治、经济、文化中心。建业城周达20华里19步,宫城建造宏伟,商业发达,宣阳门与秦淮河畔朱雀门之间的商业区和居民区是市场和居民集中之地,成为都城繁华热闹之区。佛教文化在这里兴起,江南第一座佛寺在孙权时建成。蜀汉成都城周20华里,手工业很发达,著名的有锦缎、麻布、漆器、铁器,其中蜀锦天下闻名。蜀地人多工巧,女工之业,覆衣天下。魏国洛阳在曹操时逐渐恢复昔日繁荣。西晋时在曹魏都城基础上进一步营建,经济有了短暂繁荣,商业有所发展,但当时贱商政策已令世人却步：法令规定市侩头戴写着姓名和所卖物品的头巾，双脚着白、黑两只鞋。十六国时期，各族统治者建立地方割据政权，成汉、二赵（前、后赵）、三秦（前、后、西）、四燕（前、后、南、北）、五凉（前、后、南、北、西）和夏，史称十六国。十六国时期的各都城：平阳、成都、姑臧、襄国、龙城、蓟、邺、长安、中山、苑川、西平、广固、敦煌、张掖、统万等，这些城市实际上都受到战争破坏，很难言其发展。东晋都城建康的发展，因为东晋（317～420年）统治长江中下游和珠江流域历时104年，不仅城市规模有所扩建，而且其经济、文化也有所发展。再经过南朝时期的建设，建康成了当时全国的第一大城市。手工业、商业发达，是全国性的经济、文化中心。南朝时建康设有儒学、玄学、文学、史学4馆，祖冲之、范缜、颜延之、范晔、王羲之都在建康作出对我国科技文化的卓越贡献。佛教盛行于南朝建康。北朝时的洛阳，经过魏孝文帝改革的推动，其政治、经济、文化功能作用大大增强。洛阳市场很大，手工业发达，国学、佛教兴旺。总之，三国魏晋南北朝时期，除三国地区性城市得到某种程度的发展外，由于各地统治者的分裂割据，经济社会发展受到阻碍和破坏，城市发展也受到阻碍，城市的经济、文化功能大受阻碍。

隋（581～618年）结束分裂、全国统一。隋的统治范围东、南到海，西至新疆，西南到云南、广西，东北到辽河。隋代虽然出了一个炀帝，他役民太急苛，逼民杀之。从隋文帝至炀帝，仅传二帝而亡，历时仅

38年。但是，在这38年中，中国经济在隋文帝节俭和减轻剥削的情况下，生产得到较大发展，民间富裕起来。同时，隋文帝、炀帝都重视运河的开凿与修治，成为中国南北大运河开创的一代，并造福于后代，利无穷尽。隋代天下统一，国家富裕，地域辽阔，分190郡（州），1255县，人口4600多万。在隋代，中国历史上的郡（州）县建置制度、三省六部制和科举制基本定型，对后世影响巨大。因此，隋代的都城、郡（州）县城发展跨入了一个高峰期的起点，继之是唐朝的辉煌。隋代的大兴城，考虑了汉长安的地理自然条件不足，以及水质差等情况，另择开阔地带，于开皇二年（582年）兴建。这是由建筑学家规划，由大臣、官吏总领和组织而兴建的。它的特点是开三渠（龙首渠、永安渠、清明渠），引滻水、交水、潏水入城，加上城南有终南山，西、北两面有皇帝禁苑。一保城市环境优美，二保漕运畅通，在城市规划原则上，遵循左祖右社，市场、民居布局符合《周礼·考工记》城制。这就保证了宫城、皇城、廓城的封建重威原则。这样一座都城，是全国统一，政治、经济、文化发展，科学技术进步，城市功能综合的一个典型。它成为唐代长安城的优良开端和基础，并且成为隋代郡（州）城和县城的榜样。查中国方志可知，在隋代建的郡、县城都为后世进入较高水平的发展奠定了基础。南北大运河的开凿，也促进了中国城市发展。唐代（618～907年）历290年，疆域广大，国势强盛，成为当时世界上繁荣强大的国家。唐代的城市发展也成为中国封建时代城市发展的一个辉煌时期。唐长安都城就是隋代大兴城，唐代改名为长安，城内宫城与皇城，坊、市、街的布局等建制基本沿袭隋代，只是在此基础上扩建和增建了更多的设施、建筑；唐长安城仍分外廓城、皇城、宫城3部分。曲江池是长安最大的风景区，禁苑是皇帝游猎的场所，也是娱乐场所。长安有南北向街道11条，东西向14条。其路网结构呈棋盘形。城内区划称坊，即里坊，总计110坊。长安作为都城，是全国的政治中心。同时有发达的手工业（包括官营和私营手工业），外地手工业产品也运入长安，望春楼下广运潭聚集江淮漕艘数百艘，如同各地手工业产品的展览会一般。长安有东西两市，不乏百万富翁，各坊中的商贩很多，旅邸货栈，成为中外商贾寄放货物的场所。长安是名副其实的大商业都会。长安城市有来自国内外的学者、学生和使者，有国子监，下设七学馆，长安为学术交流中心。同时，音乐、舞蹈盛行，城中左右两坊多艺人。长安还是佛教活动的中心，译经、藏经最多，大雁塔、小雁塔是佛教兴盛的产物。唐长安的政治、经济、文化功能是唐代城市发展的典型代表。唐代之后的五代十国时期，中国又陷入封建割据状态。五代的5个小国（梁、唐、晋、汉、周）在黄河流域造成动荡不安、民不聊生的严重局面，隋唐以来城市发展的趋势被打断。但在长江流域的10个小国，并没形成恶战局面，经济仍然在发展，城市也继续发展，诸如广陵、金陵、西府、长沙、长乐、广州、成都等城都有所发展。

隋唐至五代十国封建城市的发展特点为：

①集中地体现了中国封建时代农业文明的发展。隋唐的兴盛，五代十国的分裂及由此而带来的南北地区城市兴衰，都与农业直接相关；城市的功能、地位与作用，都以农业文明为基础；城市政治、经济、文化，也都是农业文明发达的体现。甚至城市的手工业和商业，其主体还是农业产品的加工与交易。②集中地体现了中国封建中央集权制的发展与强化，其城市发展和布局与郡（州）县行政体制的一致化，在隋唐时期完全成型，并且成为中国封建时代城市繁荣和城市区域布局、城镇体系的一种整体形象。隋代分设的190郡（州），1255县，成为唐代繁荣期的各级城市、镇的整体框架，甚至连都城长安也是隋都大兴城的扩建和增建。③统一与分裂的矛盾成为中国封建时代城市发展的基本社会条件之一，隋唐与五代十国城市发展的兴衰即是明证。④隋唐时代城市的发展，突出地表现为：一是行政与政治、军事功能增强；二是手工业、商业发展繁荣；三是文化中心功能突出；四是城市建筑与环境建设达到综合性的整体高水平；五是内外交通，特别是水运包括运河交通超过前代；六是江南城市大发展，形成赶上和超过北方的局面，这也是中国历史上前所未有的。⑤隋唐时期城市与区域之间，甚至包括国内外经济文化的交流功能大大增强，长安如此，扬州、成都也是典型。但是城市的坊里制和市场的朝开晚闭，即城市市场的时间、空间受到严厉限制，仍然反映出中国封建时代城市的封闭特征，而且

极为典型。

(3) 中国封建时代城市的演变阶段(宋、辽、金、元)

960年宋王朝建立。北宋都开封,1127年北宋亡。同年五月建南宋,都临安,1279年亡。两宋历时320年。宋代经济发展,人口增长,北宋后期全国人口上亿。宋代科技居世界领先地位,活字印刷发明,火药、指南针广泛应用。北宋城市发展的突出特征是手工业、商业在时间和空间上都突破前代格局。在唐代发展到顶峰的城市坊里制,在宋代已被拆除,发生重大演变,临街作坊和商店、早市和夜市在都城和地方城市形成了气候。家庭手工业和私人商业有较大发展,城市文化也发生重大演变。北宋都城开封,有罗城、内城、宫城。罗城在中国城市史上第一次出现,是首都的外京城。开封罗城周长达48华里,城门(13座)、水门(7座)共计20座门。罗城河宽10余丈。开封在北宋称东京,人口高峰达130万之多。这当然是指开封府人口数,而非城区人口数。城内手工业分官、私两种,规模很大,其中的绫锦院有织机400张,织工400人。有些手工业产品质量很高,烧制瓷器的"官窑",是宋五大名窑之首,也是中国历史上名誉古今的名窑。茶、酒两产品由官府专营加工制作和专卖。宋神宗元丰年间(约1078~1085年)在汴河设置水磨制茶,后来就有了"磨户"。开封对外有方便的水陆交通,内城、外城皆有活跃的商人和全国各地的商品,形成了州桥、大相国寺、樊楼、虹桥等最繁荣热闹的地方。其中横跨汴河上的虹桥，在《清明上河图》中有生动的描绘。京城内设有国子监、太学等全国最高学府，印刷、书画都有大的成就，开封是全国教育文化中心。1127年春，北宋被金国灭亡，康王赵构建南宋（1127～1279年），都临安（杭州）。史书中有关"南宋小朝廷"在临安苟且偷安、醉生梦死的记述，反映了南宋半壁江山的情况。就经济社会发展而言，南宋时期的淮河、秦岭以南在153年间，也有显著发展。各地城市经济社会，以及城市建设，显示出一个重要发展阶段的基本特征。临安城内坊制已不复存在，坊墙被拆除，人口增加，各种手工业集南北之精华。官私手工业在临安城内外迅速发展，仅私人手工业就有上万户。南宋时期，杭州丝织业、印刷业、瓷器业、造船业，还有军火业都相当发达。商业活跃，早市、夜市兴旺。文化事业也很发达，临安集中了来自全国各地的文化人。在南宋时期，南方、西南各地城市都有明显进步，最突出的是城市商业、文化功能明显增强，较之隋唐时期经济社会内容和城市布局都有新的突破，发生了重大演变。民族矛盾、官私手工业力量的对比、文化人的个性、科学技术的创造，都在演变。作为对外经济文化交流的港口城市，泉州在南宋时期开始崛起。

辽国（916～1125年）与宋抗衡，统治中国北方广大地区，推动了上京临横府城的建设和发展。与此同时，辽国实行五京制，东京、南京、西京、中京与上京并立。中京是上京陪都，东京（辽阳）、南京（北京）、西京（大同）在原城基础上扩建。上、中两京政治、军事意义重大；东、南、西三京成为各族人民经济文化交流的中心。

金都城上京会宁府城和中都大兴府城在中国城市史的演变中，并不具代表性。但中都大兴府城却在北京城市史上占有重要地位，燕京之名永留人间。

元朝（1271～1368年），历时98年。在中国历史上，元朝不能算作一个长命王朝，但在中国封建时代的城市发展史上，元代是一个变革的时代。这并不是说元代农业、手工业和商业比前代有更突出的发展，实际上元代农业、手工业、商业的发展比较缓慢，全国人口最多时达到8000万。但是，元代确有超出前代的一些重大发展：其一，南北大运河在元代贯通，元代开凿了著名的会通河和通惠河。其二，元代以站赤为基础的陆路交通的建设，通向全国四面八方，直达西藏地区。其三，元代航海贸易超过宋代，通向亚非地区的国家和地区达67个，还造就了泉州的辉煌。其四，西藏纳入祖国版图。八思巴为帝师，桑哥升任为宰相，形成了多民族组成的中央政府，发挥了少数民族的聪明才智。其五，元代打破了此前历代知识分子的仕途模式，给后世以重大影响。所有这些，都在某种程度上给中国封建时代城市的发展带来了一些新的动力和因素，促进了城市功能的演变和进步。如果把元大都与元代以前的都城作比较，皇城、宫城以及苑囿，与历代并无大异，但是，元大都的街道、坊巷和民居却值得注意。大都城内民居之地称坊，共有50坊。各坊有门，上署坊名，并无墙。坊以街道为界限。

居民住在坊内胡同里。全城地面规划如同棋盘,规划整齐,各大街两旁,皆有商店房屋,这反映出宋代以降城市坊里制的彻底结束。坊内胡同里,皆住户宅地,反映出元大都居民占地在都城中的比例相当高。城市居民增多,特别是都城,除皇城、宫城之外,还规划出住户胡同,是元大都规划的一大特征。在城市经济方面,元大都的手工业和商业,以及国内外贸易的经营,都为封建统治阶级所控制,统治阶级以控制工商业追求其奢侈享乐生活和谋取暴利,致使元大都经济畸形发展。元大都所显示的这种城市发展的畸形特征,反映的问题不仅是少数民族入主中原的历史现象,而且包含了中国封建时代城市发展自宋代以降的一种重大演变,是城市功能的一种发展。元大都的"市"很有名气。这是因为"市"几乎是元大都的一种神气所在,各街要冲都有"市",其中规模最大的是积水潭北岸"斜街市",西城"羊角市",旧枢密院角市。其他中等或较小的市肆约有几十处之多。

宋、元时期的城市较前代最突出的演变:一是城市坊里制被突破,商业和城市文化活动都有了更多的时间和空间;二是民间手工业和商业空前活跃,与此同时,封建统治阶级控制工商业以谋利的程度也加强了;三是城市文化多样化,"元曲"便是代表之一;四是科技更发达,海外贸易和文化交往增多;五是少数民族对全国发展和城市的贡献,数量和质量都加大了;六是沟通全国的水、陆交通发达,航海超过前代;七是城市经济、文化功能多样化。

(4) 明清时期中国城市的局部质变。

中国经济社会发展到明清时期发生局部质变,即从明代后期出现了资本主义萌芽,这是几千年中国封建经济开始出现的局部质变,并引起社会结构变革的新生因素。由此,中国大地上逐步形成以工商业功能为主的城市。清代前期国势极盛,农业、手工业、商业、文化均有很大发展,资本主义萌芽也缓慢发展。城市功能逐渐增长新的因素,社会发生局部变革。清代后期,中国封建的自然经济逐步半殖民地半封建化,城市的变化更为突出。明代的手工业与封建时代的历代手工业一样,都是从传统农业中分离出来的,带有家庭生产的模式。但是,明代手工业中出现了剧烈的两极分化,有了被雇佣的工人,特别是纺织业中的雇佣关系迅速扩大;与此同时,采矿业、制陶业中相继出现雇佣关系。明政府实行了一条鞭法,以银代役,也推动了商品经济的发展。随着商品经济的发展,海外贸易迅速扩展,全国各地城市商业普遍发展,北京、南京及江、浙、闽、广和四川等各地大城市都成为商品贸易中心,南北大运河沿岸城市也成为大大小小的商业中心。

综上所述,中国古代城市发展史已经跃然纸上。奴隶社会是城市形成的阶段,但它已初步具备经济、社会、文化和交通功能。到了封建社会初期的秦汉时代,似乎城市已发展到尽善尽美的程度。然而,从实质上看,在铁器使用的初期阶段,即使都城也因当时的生产力水平所限,只具有政治中心城市的功能而已,因为政治中心需要文化的扶持和思想上的统一，它也包含着丰富的文化内容。在魏晋南北朝分裂时期，由于战争频繁，城市发展受到影响。到了隋唐时期，则有全国大统一和南北运河的经济、文化的全国交流作用，区域发展的不平衡与后进区域赶上与超越先进区域的历史现象也出现了。黄河流域一向为发展中心的状况开始动摇，长江流域发展起来，长江以南地区日益兴旺，经济政治文化重心开始南移。宋元时期城市随着经济社会的繁荣发生了重大历史性演变，体现封建统治的坊里制被突破，城市临街设店现象普遍存在于包括京城在内的全国城市。至明清，资本主义萌芽出现，雇佣关系存在于全国一些城市的手工业，以及矿冶和制陶业、纺织业之中，海外贸易成为社会的普遍要求，中国入超。帝国主义殖民分子想方设法侵略中国，中国自给自足的经济逐渐演变成为半殖民地半封建经济，中国的城市发生局部质变。但这一变化由于受殖民者的干扰和破坏，使中国不能达到资本主义。中国古代城市的演变诚可欢呼，它是生产力和科学技术进步的产物！可惜它受到殖民者的阻碍和破坏，中国古代城市史实质是在农业文明基础上发展的历史。

中国城市在古代的发展史，与其历史阶段可以相提并论的是它发展的区域不平衡性。这表现为黄河流

域城市的发展在整体上先于长江流域,东部先于西部地区。至唐代之后的宋元明清时期,则江南地区发展快于黄河流域,沿海地区发展快于内地。这种发展的不平衡性和转移过程,只要考察一下黄河流域的西安、洛阳、开封、北京、太原、大同、延安、承德、天津的发展,就会知道黄河流域的城市区域演进路线是从西安至天津,西安地区城市发展始于先秦,而天津是晚近兴起的北方明珠。考察长江流域的长沙、武汉、南昌、合肥、南京、扬州、杭州、绍兴、上海等,则上海是后来者居上。考察中国陆上周边城市,东北的沈阳、西北的敦煌、西藏的拉萨,兴起的时间相对较迟,我国的沿海城市只有广州历史悠久,泉州、温州、厦门以及上海、连云港、青岛、烟台、天津、秦皇岛、大连等真正形成的历史相对较迟,有的兴起于近代。总之,黄河流域上、中、下游城市,长江流域上、中、下游城市,陆上周边城市和沿海城市,在其发展的历史上存在明显的地区先后和不平衡性,并存在发展重心的转移。

城市与建筑、环境的关系是中国古代城市发展史中有鲜明性格的重要部分。建筑是城市的象征。中国的城市与建筑的关系及其创造的辉煌,不仅体现在历代都城中如天安门、故宫、天坛等建筑与北京的关系,而且在地方城市中,建筑与城市的关系也有辉煌的体现，如布达拉宫、罗布林卡、大召寺与拉萨城的关系。甚至可以说，没有建筑就没有城市。

人类和房屋的故事，可以追溯到人类原始文化的摇篮时代。这个故事在中国民族生息繁衍的这块土地上已经延续了五千年。原始时代末期，我们的祖先用木架、草泥和树叶建造简单的穴居，到后来就发展成为房屋。从单体建筑、群体建筑发展到城市规划和设计，逐步形成各地区、各民族若干独特的建筑体系，反映出我国各时期社会、经济、文化发展的面貌，展示出中华民族的想象力和创造力。

城市的规划和设计，是从建筑发展而来的。城市建筑，特别是那些形体庞大，建筑质量高，代表一定时代、民族和地域文化风情的公共建筑，一般要延续几十年、几百年甚至上千年。这类建筑在中国历代城市中比较集中，特别是都城建筑更具代表性，成为中国城市延续和文化发展、科技进步、物质手段提高、艺术创造结晶的石头般的史书和象征。基于此，中国城市史话重视了各时代都城和地方城市建筑个性发展的描绘。

城市的独特性和丰富多样性，是千百年来历史所铸就的。城市的存在和发展，是由特定的社会政治、经济、风俗文化和地理环境条件决定的。离开这种特定性，城市就无从发展。中国历史上有精于相地、因山就水、因地制宜、巧于创造的城市规划设计思想,按照各地不同的自然地理条件、风俗习惯、经济实力、技术手段,建设自己的城市,既形成了各地城市的民族和地方特色,也形成了中华民族丰富多彩的城市文明。

《中国史话》总目录

系列名	序号	书名	作者
物质文明系列（10种）	1	农业科技史话	李根蟠
	2	水利史话	郭松义
	3	蚕桑丝绸史话	刘克祥
	4	棉麻纺织史话	刘克祥
	5	火器史话	王育成
	6	造纸史话	张大伟 曹江红
	7	印刷史话	罗仲辉
	8	矿冶史话	唐际根
	9	医学史话	朱建平 黄健
	10	计量史话	关增建
物化历史系列（28种）	11	长江史话	卫家雄 华林甫
	12	黄河史话	辛德勇
	13	运河史话	付崇兰
	14	长城史话	叶小燕
	15	城市史话	付崇兰
	16	七大古都史话	李遇春 陈良伟
	17	民居建筑史话	白云翔
	18	宫殿建筑史话	杨鸿勋
	19	故宫史话	姜舜源
	20	园林史话	杨鸿勋
	21	圆明园史话	吴伯娅
	22	石窟寺史话	常青
	23	古塔史话	刘祚臣
	24	寺观史话	陈可畏

系列名	序号	书名	作者
物化历史系列（28种）	25	陵寝史话	刘庆柱　李毓芳
	26	敦煌史话	杨宝玉
	27	孔庙史话	曲英杰
	28	甲骨文史话	张利军
	29	金文史话	杜　勇　周宝宏
	30	石器史话	李宗山
	31	石刻史话	赵　超
	32	古玉史话	卢兆荫
	33	青铜器史话	曹淑芹　殷玮璋
	34	简牍史话	王子今　赵宠亮
	35	陶瓷史话	谢端琚　马文宽
	36	玻璃器史话	安家瑶
	37	家具史话	李宗山
	38	文房四宝史话	李雪梅　安久亮
制度、名物与史事沿革系列（20种）	39	中国早期国家史话	王　和
	40	中华民族史话	陈琳国　陈　群
	41	官制史话	谢保成
	42	宰相史话	刘晖春
	43	监察史话	王　正
	44	科举史话	李尚英
	45	状元史话	宋元强
	46	学校史话	樊克政
	47	书院史话	樊克政
	48	赋役制度史话	徐东升

系列名	序号	书名	作者		
制度、名物与史事沿革系列（20种）	49	军制史话	刘昭祥	王晓卫	
	50	兵器史话	杨 毅	杨 泓	
	51	名战史话	黄朴民		
	52	屯田史话	张印栋		
	53	商业史话	吴 慧		
	54	货币史话	刘精诚	李祖德	
	55	宫廷政治史话	任士英		
	56	变法史话	王子今		
	57	和亲史话	宋 超		
	58	海疆开发史话	安 京		
交通与交流系列（13种）	59	丝绸之路史话	孟凡人		
	60	海上丝路史话	杜 瑜		
	61	漕运史话	江太新	苏金玉	
	62	驿道史话	王子今		
	63	旅行史话	黄石林		
	64	航海史话	王 杰	李宝民	王 莉
	65	交通工具史话	郑若葵		
	66	中西交流史话	张国刚		
	67	满汉文化交流史话	定宜庄		
	68	汉藏文化交流史话	刘 忠		
	69	蒙藏文化交流史话	丁守璞	杨恩洪	
	70	中日文化交流史话	冯佐哲		
	71	中国阿拉伯文化交流史话	宋 岘		

系列名	序号	书名	作者
思想学术系列（21种）	72	文明起源史话	杜金鹏　焦天龙
	73	汉字史话	郭小武
	74	天文学史话	冯时
	75	地理学史话	杜瑜
	76	儒家史话	孙开泰
	77	法家史话	孙开泰
	78	兵家史话	王晓卫
	79	玄学史话	张齐明
	80	道教史话	王卡
	81	佛教史话	魏道儒
	82	中国基督教史话	王美秀
	83	民间信仰史话	侯杰
	84	训诂学史话	周信炎
	85	帛书史话	陈松长
	86	四书五经史话	黄鸿春
	87	史学史话	谢保成
	88	哲学史话	谷方
	89	方志史话	卫家雄
	90	考古学史话	朱乃诚
	91	物理学史话	王冰
	92	地图史话	朱玲玲

系列名	序号	书名	作者
文学艺术系列（8种）	93	书法史话	朱守道
	94	绘画史话	李福顺
	95	诗歌史话	陶文鹏
	96	散文史话	郑永晓
	97	音韵史话	张惠英
	98	戏曲史话	王卫民
	99	小说史话	周中明　吴家荣
	100	杂技史话	崔乐泉
社会风俗系列（13种）	101	宗族史话	冯尔康　阎爱民
	102	家庭史话	张国刚
	103	婚姻史话	张　涛　项永琴
	104	礼俗史话	王贵民
	105	节俗史话	韩养民　郭兴文
	106	饮食史话	王仁湘
	107	饮茶史话	王仁湘　杨焕新
	108	饮酒史话	袁立泽
	109	服饰史话	赵连赏
	110	体育史话	崔乐泉
	111	养生史话	罗时铭
	112	收藏史话	李雪梅
	113	丧葬史话	张捷夫

系列名	序号	书名	作者	
近代政治史系列（28种）	114	鸦片战争史话	朱谐汉	
	115	太平天国史话	张远鹏	
	116	洋务运动史话	丁贤俊	
	117	甲午战争史话	寇伟	
	118	戊戌维新运动史话	刘悦斌	
	119	义和团史话	卞修跃	
	120	辛亥革命史话	张海鹏	邓红洲
	121	五四运动史话	常丕军	
	122	北洋政府史话	潘荣	魏又行
	123	国民政府史话	郑则民	
	124	十年内战史话	贾维	
	125	中华苏维埃史话	杨丽琼	刘强
	126	西安事变史话	李义彬	
	127	抗日战争史话	荣维木	
	128	陕甘宁边区政府史话	刘东社	刘全娥
	129	解放战争史话	朱宗震	汪朝光
	130	革命根据地史话	马洪武	王明生
	131	中国人民解放军史话	荣维木	
	132	宪政史话	徐辉琪	付建成
	133	工人运动史话	唐玉良	高爱娣
	134	农民运动史话	方之光	龚云
	135	青年运动史话	郭贵儒	
	136	妇女运动史话	刘红	刘光永
	137	土地改革史话	董志凯	陈廷煊
	138	买办史话	潘君祥	顾柏荣
	139	四大家族史话	江绍贞	
	140	汪伪政权史话	闻少华	
	141	伪满洲国史话	齐福霖	

系列名	序号	书名	作者
近代经济生活系列（17种）	142	人口史话	姜 涛
	143	禁烟史话	王宏斌
	144	海关史话	陈霞飞 蔡渭洲
	145	铁路史话	龚 云
	146	矿业史话	纪 辛
	147	航运史话	张后铨
	148	邮政史话	修晓波
	149	金融史话	陈争平
	150	通货膨胀史话	郑起东
	151	外债史话	陈争平
	152	商会史话	虞和平
	153	农业改进史话	章 楷
	154	民族工业发展史话	徐建生
	155	灾荒史话	刘仰东 夏明方
	156	流民史话	池子华
	157	秘密社会史话	刘才赋
	158	旗人史话	刘小萌
近代中外关系系列（13种）	159	西洋器物传入中国史话	隋元芬
	160	中外不平等条约史话	李育民
	161	开埠史话	杜 语
	162	教案史话	夏春涛
	163	中英关系史话	孙 庆

系列名	序号	书名	作者
近代中外关系系列（13种）	164	中法关系史话	葛夫平
	165	中德关系史话	杜继东
	166	中日关系史话	王建朗
	167	中美关系史话	陶文钊
	168	中俄关系史话	薛衔天
	169	中苏关系史话	黄纪莲
	170	华侨史话	陈民 任贵祥
	171	华工史话	董丛林
近代精神文化系列（18种）	172	政治思想史话	朱志敏
	173	伦理道德史话	马勇
	174	启蒙思潮史话	彭平一
	175	三民主义史话	贺渊
	176	社会主义思潮史话	张武 张艳国 喻承久
	177	无政府主义思潮史话	汤庭芬
	178	教育史话	朱从兵
	179	大学史话	金以林
	180	留学史话	刘志强 张学继
	181	法制史话	李力
	182	报刊史话	李仲明
	183	出版史话	刘俐娜
	184	科学技术史话	姜超

系列名	序号	书名	作者
近代精神文化系列（18种）	185	翻译史话	王晓丹
	186	美术史话	龚产兴
	187	音乐史话	梁茂春
	188	电影史话	孙立峰
	189	话剧史话	梁淑安
近代区域文化系列（11种）	190	北京史话	果鸿孝
	191	上海史话	马学强　宋钻友
	192	天津史话	罗澍伟
	193	广州史话	张苹　张磊
	194	武汉史话	皮明庥　郑自来
	195	重庆史话	隗瀛涛　沈松平
	196	新疆史话	王建民
	197	西藏史话	徐志民
	198	香港史话	刘蜀永
	199	澳门史话	邓开颂　陆晓敏　杨仁飞
	200	台湾史话	程朝云

《中国史话》主要编辑出版发行人

总 策 划　谢寿光　王　正
执行策划　杨　群　徐思彦　宋月华
　　　　　梁艳玲　刘晖春　张国春
统　　筹　黄　丹　宋淑洁
设计总监　孙元明
市场推广　蔡继辉　刘德顺　李丽丽
责任印制　岳　阳

城市史话